Kurt Tepperwein

Persönlicher Erfolg leicht gemacht

AF205284

Kurt Tepperwein

Persönlicher
Erfolg
leicht gemacht

SeminarWissen

Originalausgabe 2005
© 2005 by spirit Rainbow Verlag, Aachen
Original-Titel: Wie man seinen persönlichen Erfolg unvermeidbar macht

Sonderauflage
2020 © by IAW Anstalt, Vaduz
www.iadw.com

ISBN: 978-3-7504-3043-3

Die Deutsche Nationalbibliothek verzeichnet diese Publikation
in der Deutschen Nationalbibliografie; detaillierte bibliografische Daten
sind im Internet über www.dnb.de abrufbar.

Umschlaggestaltung: www.layART.li
Umschlagmotiv: ©pixabay/polka-dots

Herstellung und Verlag: BoD – Books on Demand, Norderstedt
Made in Germany

Internationale Akademie der Wissenschaften (IAW) Anstalt, FL-9490 Vaduz
Tel. +423/233 12 12, Fax +423/233 12 14

Liebe Leser!

Sie halten ein besonderes Buch in Händen. Erleben Sie einmal eine ganz neue Form, ein Buch zu lesen

Dieses Buch ist anlässlich einer Seminar-Live-Aufzeichnung entstanden, und darum nennen wir es die ‚Seminarbibliothek'. Die Buchinhalte werden Ihnen so präsentiert, als wenn Sie selbst an diesem Seminar teilnehmen würden. Lassen Sie sich daher beim Lesen einfach in den Seminarraum ‚entführen', seien Sie einfach mit dabei.

Der Nutzen dieses Buches ist es, ‚Praxiswissen' zu erfahren, damit Sie es gleich für Ihre persönliche aber auch Ihre berufliche Lebensgestaltung verwenden können. Interessante Teilnehmerfragen werden vom Autor kompetent und praxisnah beantwortet. Viele Beispiele aus dem Leben des Autors ‚helfen' Ihnen, für Ihre eigenen ‚Lebensaufgaben' Lösungen zu finden.

Diese ‚Seminarbibliothek' wird Sie von Schritt zu Schritt begleiten (so, als wenn Sie einen Roman lesen) und Sie leicht zum Ziel führen. Es sind Bücher, die Sie auch als idealen Begleiter in der Freizeit oder im Urlaub lesen können.

In unserer Seminarbibliothek ist bewusst auf zu viel theoretischen Ballast verzichtet worden – das ‚Praxiswissen' steht im Vordergrund. Ein ‚Balance-Buch', das Sie in jeder Hinsicht begeistern und motivieren wird. Lebendige Lebenshilfebücher zur ‚Selbsthilfe', die alles Wesentliche zum Thema enthalten, damit Sie ein erfolgreiches und glückliches Leben gestalten können.

Wir wünschen Ihnen viel Freude und gute Unterhaltung.

Auch eine Reise von tausend Meilen
fängt mit dem „ERSTEN SCHRITT" an!
Achte auf Deine Gedanken
sie sind der Anfang Deiner Taten!

Wer heute einen Gedanken sät,
der erntet morgen die Tat,
übermorgen die Gewohnheit,
danach den Charakter
und endlich sein Schicksal!

Das Geheimnis des Erfolges

Ich beginne JETZT ein neues Leben, denn von JETZT an bin ich ein neuer Mensch mit einem neuen Leben.

Ich grüsse diesen Tag mit Liebe in meinem Herzen. Nur die wunderbare Kraft des Wohlwollens, des Verstehens und der Liebe wird die Herzen der Menschen öffnen.

Ich setze mich bis zum Erfolg beharrlich ein. Wenn ich bewusst am Erfolg arbeite, gewinne ich. Ich glaube an mich. Ich gewinne. Ich bin ein GEWINNER!

Ich lebe JETZT so, als wäre dies mein letzter Tag. Indem ich mich mit kreativen Ideen beschäftige und nicht mit anderen, sondern mit mir selbst in Wettbewerb trete, werde ich von Tag zu Tag immer besser.

Ich bin Meister meiner Gefühle. Indem ich tue, wovor ich mich fürchte, setze ich jeglicher Furcht ein Ende. Ich halte mir immer meine Ziele vor Augen und Unangenehmes erledige ich immer sofort.

Ich bin zu beschäftigt, um traurig zu sein. Deshalb kann ich über jedes Missgeschick, über mich selbst, ja über die ganze Welt lachen. Weil ich weiß, dass nichts in dieser Welt der Erscheinungen beständiger ist als der Wandel, und ich alles jederzeit andern kann.

Die Taten anderer zu übertreffen, ist unwesentlich. Meine eigenen Taten zu übertreffen, bedeutet alles, denn dadurch multipliziere ich meinen Wert um ein Vielfaches.

Ich handle JETZT. Der Erfolg wartet nicht, und er erwartet auch nicht von jemandem, zu ihm zu kommen. HIER und JETZT ist die Zeit. Ich bin der/die richtige Mann/Frau, zur richtigen Zeit am richtigen Ort.

Ich glaube an die Allmacht, Allgegenwart und die Allwissenheit des Unendlichen, Universellen, Unsichtbaren, welches immer JETZT in Erscheinung tritt als die Erfüllung eines jeden Augenblicks.

Kurt Tepperwein: Ich begrüße Sie sehr herzlich zu unserem heutigen Thema: „Wie man seinen persönlichen Erfolg unvermeidbar macht." Und ich freue mich natürlich, dass sich so viele für Erfolg interessieren, denn erstaunlich viele Menschen haben zum Erfolg eine eher negative Einstellung. Sie verbinden Erfolg mit Begriffen wie Rücksichtslosigkeit und Geldgier – und machen sich nicht bewusst, dass, wer Erfolg innerlich ablehnt, kaum Erfolg haben kann.

Also könnten wir gleich miteinander den ersten Schritt zu Ihrem persönlichen Erfolg vollziehen, indem Sie einmal prüfen, wie Ihre Einstellung zu Erfolg ist. Welche Assoziationen haben Sie zu Erfolg?

Gibt es dabei negative Assoziationen? Dann sollten Sie die ändern, denn das ganze Leben ist aufgebaut auf Erfolg. Wir alle brauchen Erfolg. Niemand tut etwas in der Absicht zu scheitern. Ganz gleich was Sie beginnen, Sie tun es in der Absicht, erfolgreich zu sein. Das heißt also: Wenn Sie eine negative Einstellung zum Erfolg haben, dann verhindern Sie damit erfolgreich Ihren Erfolg. Und das könnten Sie gleich hier ändern. Wie wir überhaupt alles, was Ihnen entspricht, gleich vollzogen werden sollte. Das heißt also, nicht nur zuhören und merken, sondern sofort prüfen, wie ist das bei mir – und wenn es nicht stimmt, ändern.

Fangen Sie an, Erfolg zu lieben. Erfolg ist nämlich etwas Wunderbares. Die meisten aber wünschen sich mehr Erfolg und sind sich nicht bewusst, dass es mehr Erfolg, als sie derzeit haben, gar nicht geben kann.

Und das ist das zweite Geheimnis des Erfolges. Kaum einer weiß es: Jeder ist in jedem einzelnen Fall immer erfolgreich! Es gibt keine Ausnahme. Denn sobald Sie etwas unternehmen, ganz gleich was Sie tun, es erfolgt etwas. Und es erfolgt immer genau das, was dieser Ursache entspricht. Das ist nicht immer das, was Sie beabsichtigt haben. Das heißt also, es erfolgt immer etwas und das, was erfolgt, entspricht immer der Ursache. Das heißt, wir nennen etwas Misserfolg, wenn die Ursache, die Sie gesetzt haben, nicht mit Ihrer Absicht übereinstimmt, mit dem, was Sie eigentlich erreichen wollten. Wenn wir das erkennen, brauchen wir also nur unsere Absicht und die Ursache, die wir setzten, in Einklang bringen und Sie haben den gewünschten Erfolg. Das heißt, noch nie hatte jemand einen Misserfolg, denn es ist immer genau das erfolgt, was er verursacht hat. Und da können wir jetzt einsetzen. Sorgen Sie also dafür, dass das, was Sie verursachen, mit dem übereinstimmt, was Sie beabsichtigen.

Viele Menschen wünschen sich Erfolg, hoffen Erfolg zu haben – und verursachen damit genau das Gegenteil. Denn wenn ich mir Erfolg wünsche, wenn ich hoffe, mehr Erfolg zu haben, dann stelle ich damit in Wirklichkeit fest, dass ich derzeit in einer Sache eben keinen Erfolg habe. Und das ist das, was ich verursache. Und diesen Mechanismus, auf den fallen wir praktisch alle herein. Wir hätten gerne mehr Erfolg und trennen uns damit vom Erfolg. Denn, wenn ich etwas gerne hätte, sage ich eigentlich, ich habe nicht. Und das ist das, was ich verursache.

Wenn ich also Erfolg haben will, muss ich ihn in Besitz nehmen. Die Hauptursache für Erfolg ist die eigene Überzeugung. Das, was wir Realität nennen, folgt nämlich konsequent unserer Überzeugung. Und die aber können wir ändern und damit Erfolg unvermeidbar machen.

Also prüfen Sie wieder einmal: Sind Sie überzeugt in nächster Zeit Erfolg zu haben oder in einer bestimmten Sache erfolgreich zu sein? Ganz gleich, auf welchem Gebiet. …

Erfolg dreht sich nicht immer nur um Geld, um Macht, um Einfluss, um Anerkennung. Es geht auch um Partnerschaft, auch dort brauchen wir Erfolg. Oder unsere geistige Entwicklung. Prüfen Sie einmal, ob Sie in irgendeinem Bereich nicht überzeugt sind, erfolgreich zu sein. Und genau das werden Sie dann in nächster Zeit erleben.

Das heißt: Ganz gleich, ob Sie überzeugt sind, dass etwas klappt oder nicht, Sie werden in beiden Fällen Recht behalten. Denn das ist eine Ursache. Also prüfen Sie einmal eine Situation in Ihrem Leben, wo Sie gerne mehr Erfolg hätten. Und verursachen Sie es jetzt, indem Sie sich vorstellen, in dieser Sache Erfolg zu haben. Das ist der erste Schritt. Damit schaffen Sie gewissermaßen eine Form für den Erfolg.

Und das Werkzeug ist Imagination. Sie können alles verwirklichen, was Sie denken und glauben können. Aber wenn Sie schon am ersten Schritt scheitern und es nicht einmal denken können, also, sich nicht vorstellen können, dann kann es nicht geschehen. Das, was Sie sich nicht vorstellen können, kann nicht geschehen.

Also ziehen wir die Konsequenz. Nehmen Sie mal einen Bereich in Ihrem Leben, in dem Sie gerne erfolgreicher wären, und stellen Sie sich vor, in diesem Bereich Erfolg zu haben. Wenn Sie wollen, schließen Sie die Augen und gehen Sie einmal in eine lebendige Vorstellung des Erfolges. Das ist der erste Schritt zum Erfolg. Ich schaffe damit das Gefäß für den Erfolg, die äußere Form. Und wenn Sie es sich nicht vorstellen, kann es nicht gehen. Dann brauchen Sie es gar nicht erst anfangen.

Wenn Sie also mehr Erfolg haben möchten, dann sollten Sie damit beginnen, mehr Erfolg zu verursachen. Und der erste Schritt zur Verursachung ist die Vorstellung. Gewöhnen Sie sich an, in der Phantasie zu gewinnen und dann gewinnen Sie auch im Außen!

Es ist also ganz wichtig, dass wir uns zunächst einmal den gewünschten Erfolg vorstellen. Das ist unverzichtbar. Und in der Vorstellung kann ich meinen vorgestellten Erfolg so lange ändern, bis er genau mit meiner Absicht übereinstimmt. Bis ich sage: „Das genau ist es, was ich will! Jetzt stimmt es."

Und dann kommt noch ein wichtiger Schritt. Jetzt kommt es darauf an, dass Sie sich mit dieser Vorstellung verbinden. Das heißt konkret, dass Sie in die vorgestellte Situation hineingehen. Dass Sie sich die Situation nicht vorstellen und Sie haben nichts damit zu tun, sondern Sie gehen hinein in diese Vorstellung, und erleben sich in der vorgestellten Situation. Sie erleben sich im Erfolg. Damit nehmen Sie nämlich diese Ursache in Besitz. Und damit wird es Ihr Erfolg.

Das sind ganz wesentliche und unverzichtbare Schritte, aber wenn Sie das tun, und Sie könnten gleich hier die Probe aufs Exempel machen, wenn Sie diese Schritte vollziehen und jetzt in einem Bereich Ihres Lebens Erfolg verursachen, werden Sie in nächster Zeit erleben, dass genau dieser Erfolg geschieht. Denn das Leben reagiert nur auf unsere Anweisungen.

Ihnen widerfährt nichts, was Sie nicht verursacht haben. Niemand kann in Ihr Leben etwas hinein verursachen, es sei denn Sie lassen das zu oder Sie glauben, dass das möglich ist. Dann haben Sie, durch Ihre Zustimmung, das zur Ursache gemacht. Aber ohne das, ohne Ihre Erlaubnis, passiert in Ihrem Leben nichts, nur das, was Sie verursachen. Wenn wir das zusammenfassen, könnten wir einen ersten wichtigen Schritt tun, nämlich aufzuhören, unseren Erfolg erfolgreich zu verhindern.

Machen Sie sich einmal die Weisheit der Sprache bewusst. Was bedeutet Erfolg? Es bedeutet, dass Erfolg erfolgt. Es heißt nicht „Er-kämpf" oder „Er-renn" oder „Er-zwing" oder „Er-bete" oder „Er-meditiere" oder „Er-hoff", „Er-wünsch", es heißt Erfolg!

Wenn aber Erfolg erfolgen soll, dann muss er ja auf etwas hin erfolgen, also auf etwas, was vorausgegangen ist, nämlich eine Ursache. Und die Ursache ist immer geistiger Natur. Das Fundament der Ursache ist Ihre Vorstellung des Erfolges. Und so können Sie hier, in diesem Augenblick, jetzt, beginnen erfolgreich zu sein und zwar in jedem einzelnen Fall.

Möglichst früh im Leben sollte ich mich fragen, ob ich auf dem richtigen Weg bin. Ob der eingeschlagene Weg wirklich zu meinem Lebensziel führt? Denn viele Menschen verfolgen hartnäckig ihren Weg, aber der führt nicht immer zu ihrem Ziel. Auch wenn Sie Ihre Karriere planen, wenn Sie die Karriereleiter emporsteigen wollen, dann vergewissern Sie sich vorher, dass sie nicht an der falschen Mauer lehnt. Sonst sind Sie oben und stellen fest, dass Sie da gar nicht hin wollten.

Wir sollten zunächst einmal wieder grundsätzlich klären, ob ich überhaupt dort hin will, wo ich hingehe. Wohin führt denn der von mir eingeschlagene Weg? Und dann werden Sie sehr oft, erstaunlich oft, feststellen: Also, da wo mein Weg hinführt, will ich eigentlich gar nicht hin. Und da, wo ich hin will, gehe ich nicht hin. Also sollten wir auch das wieder in Einklang bringen, dass Weg und Ziel übereinstimmen.

Bei den meisten Menschen ist das nicht der Fall. In meiner langjährigen Tätigkeit als Unternehmensberater hatte ich die Gelegenheit, Tausende zu befragen und ihren Lebensweg zu durchleuchten und musste immer wieder fragen: „Ja, aber dieser Weg führt doch gar nicht zu dem von Ihnen erklärten Ziel? Eins von beiden müssen Sie ändern. Wenn

Sie den Weg verfolgen, sollten Sie Ihr Ziel loslassen, und wenn Sie das Ziel erreichen wollen, müssen Sie sich auf einen anderen Weg machen."

Und das könnten Sie jetzt gleich hier tun. Das ist das Schöne. Durch erfolgreiches Selbstmanagement können wir jederzeit alles ändern. Ihre derzeitige Situation kann noch so verfahren sein, noch so aussichtslos. Ihre Umstände können katastrophal sein. Das spielt überhaupt keine Rolle, denn in jedem Augenblick können Sie es ändern.

Wenn Sie bisher auf einem falschen Weg waren, dann genügt ein Schritt und Sie sind auf dem richtigen Weg. Indem Sie jetzt die Ursache setzen, für einen erwünschten Endzustand, beenden Sie die bisherige Situation. Alles bisher gehört immer zur Vergangenheit und darauf haben wir keinen Einfluss. Was Sie bisher gemacht haben, kann gut oder weniger gut gewesen sein. Es ist unwichtig, es ist vergangen, lassen Sie es los. Schleppen Sie nicht Ihre Vergangenheit mit sich rum, ziehen Sie den Rucksack der Vergangenheit aus. Die Vergangenheit ist so was von vergangen, die kommt sowieso nie wieder. Also, warum interessiert sie Sie?

Stellen Sie sich vor, Ihr Leben ist wie ein Buch. Sie haben einen Teil der Seiten schon voll geschrieben und vor Ihnen liegt das nächste Blatt – leer. Was Sie schon eingetragen haben in Ihr Lebensbuch, können Sie nicht mehr ändern. Das steht für alle Zeiten fest. Aber was in diesem Augenblick, jetzt, eingetragen wird, indem Sie es verursachen, das liegt in Ihrer Hand. Und da können Sie wählen, was Sie wollen. Sie können eintragen, was Sie wollen.

Das Unternehmen „mich selbst" erfolgreich zu managen, ist die faszinierendste Aufgabe überhaupt. Das Leben ist in Wirklichkeit ein faszinierendes Spiel, zu dem die Meisten aber die Regeln nicht kennen. Und sobald wir uns wieder

Den Weg genießen!

Ganz gleich welches Ziel Sie haben, Sie müssen es schon wirklich WOLLEN, „möchten" genügt nicht. Versuchen Sie nie etwas im Leben – TUN Sie es, oder lassen Sie es! Das Ziel ist nicht das Ziel, sondern nur das Ende des Weges und damit der Anfang eines neuen Weges. Das Ziel ist, DEN WEG ZU GENIESSEN! Der Sinn des Lebens ist es, wirklich zu leben!

JEDER hat daher IN JEDEM EINZELNEN FALL Erfolg, weil immer das der Ursache entsprechende er-folgt. Wir nennen es aber nur einen Erfolg, wenn das, was erfolgt, mit unserer Absicht übereinstimmt. Sobald also Absicht und Ursache übereinstimmen, haben wir in jedem einzelnen Fall den gewünschten Erfolg.

Bevor jemand etwas unternimmt, steht bereits fest, wie es ausgeht. Er hat jedoch die Möglichkeit, vor Beginn die Voraussetzungen für den Erfolg zu schaffen und damit den Erfolg „unvermeidbar" zu machen. Der Weg zum Erfolg ist mühelos. Wenn Sie sich anstrengen, zeigt das nur, dass es anders leichter gehen würde.

Wenn Sie also voller Begeisterung „zielgerecht' denken, reden, handeln und fühlen, MUSS Ihnen der Erfolg zufallen! Fangen Sie JETZT an, wirklich „erfolgreich" zu SEIN! Ihr Platz an der „Sonnenseite des Lebens" wartet auf SIE!

"Gedanken sind wie wilde Pferde,
ebenso schön und stark wie verderblich,
wenn man sie nicht zu halten, zu lenken,
ihre Gangart zu bestimmen weiß.

Sie stürmen mit Dir davon,
und Du bist plötzlich, wo Du nicht sein wolltest,
Wer sie aber beherrscht, der ist Herr über sein
Schicksal!"

Es genügt nicht alleine zu wissen, man muss es auch anwenden. Es genügt nicht alleine zu wollen, man muss es auch tun!

Von nun an bestimme ich „bewusst" mein Schicksal und meine Zukunft.

erinnern, diese Regeln uns bewusst machen – und sie beachten, fällt uns in den Schoß, worum wir uns vorher immer wieder vergeblich bemüht haben.

Es hat schon eine Menge guter Dinge gegeben, bevor Sie hier auf dieser Welt waren. Und es wird noch eine Menge guter Dinge geben, nachdem Sie gegangen sind. Worauf es ankommt, ist, dafür zu sorgen, dass Sie bekommen, was immer Sie wollen, solange Sie hier sind.

Viele Menschen interessieren sich brennend für die Frage, ob es ein Leben nach dem Tod gibt. Eigentlich ist das völlig unwichtig. Sorgen Sie lieber dafür, dass es ein Leben vor dem Tod gegeben hat. Und das liegt in Ihrer Hand. Und das ist das heutige Thema. Hier ist Ihre Einladung zu einer Reise in das faszinierende Abenteuer eines erfolgreichen Lebens, das auf Sie wartet. Allerdings haben Sie auf dem Weg zum Erfolg einen hartnäckigen Gegner zu besiegen: sich selbst! Genau genommen, Ihre Gewohnheiten aber auch Ihren Mangel an Information über sich selbst.

Nur wenige wissen von den unbegrenzten Möglichkeiten des menschlichen Geistes, den Kräften und Fähigkeiten, die in ihnen schlummern. Ich möchte Ihnen also zeigen, dass Sie alle über ein phantastisches Vermögen verfügen, das zum größten Teil gar nicht genutzt wird. Die meisten Menschen wissen nicht einmal, dass sie es haben. Ich meine, die unbegrenzten Möglichkeiten des bewussten, schöpferischen Denkens. Sie können vom Leben alles haben, Sie müssen sich nur trauen.

Was würden Sie sagen, wenn jemand Ihnen einen Zauberstab geben würde, mit dessen Hilfe Sie alle unerwünschten Ereignisse Ihres Lebens jederzeit sofort ändern könnten? … Sie haben diesen Zauberstab bereits. Es ist Imagination und schöpferisches Denken. Sie können verursachen, was immer Sie wollen. Sie müssen nur irgendwann beginnen.

Als ich 17 war faszinierten mich die Erfolgreichen dieser Welt, und ich bemühte mich, das Geheimnis ihres Erfolges zu ergründen. Und meine erste verblüffende Entdeckung war, dass die Erfolgreichen keineswegs weniger Misserfolge hatten als die weniger Erfolgreichen. Eher war das Gegenteil der Fall. Aber der wichtigste Unterschied bestand darin, dass sie nicht aufgaben. Der Erfolglose scheitert beim ersten Misserfolg. Misserfolg heißt also, Ursache und Absicht stimmten nicht überein.

Die Erfolgreichen aber betrachten offensichtlich einen Misserfolg nur als ein Zwischenergebnis und eine wichtige Information auf dem Weg zum endgültigen Erfolg. Und das ist der nächste Schritt, den wir uns bewusst machen sollten. Ihre Misserfolge sind viel wichtiger als Ihre Erfolge. Ihr Erfolg beendet eine Sache, Ihr Misserfolg aber macht sie erst möglich. Denn Ihr Misserfolg ist eine wichtige Information des Lebens, dass es so schon mal nicht geht. Und dann weiß ich also, ich habe die falsche Ursache gesetzt. Und dann kann ich das korrigieren, setze eine andere Ursache. Und vielleicht habe ich wieder einen so genannten Misserfolg, muss also noch mal korrigieren. Ich bekomme noch einmal einen Hinweis vom Leben, dass es so noch nicht geht, bis ich auf dem richtigen Weg bin.

Wenn Sie also ab jetzt Misserfolge nicht nur als Zwischenergebnis betrachten, sondern als wichtige Information für den eigenen Erfolg, aus dem Sie etwas lernen können, werden Sie erkennen, dass Misserfolge Freunde und wichtige Lehrer sind, auf dem Weg zum endgültigen Erfolg.

Und noch etwas ist mir aufgefallen bei den Erfolgreichen. Sie betrachteten eine einmal angefangene Sache erst dann als abgeschlossen, wenn sie erfolgreich beendet werden konnte. So lange war sie eben nicht fertig. Wenn Sie sich diese Regel zu Nutze machen und ich habe das damals als 17-jähriger getan. Das hat mich fasziniert, begeistert, ich habe es erkannt und ich habe, seit dieser Erkenntnis, jedes begonnene Vorhaben in meinem Leben erfolgreich abschließen können. Das hört sich großartig an, ist aber eigentlich der Normalzustand. Und es wird Ihnen genau so gehen, wenn Sie einfach vorher nicht aufgeben. Und es ist ein wunderbares Gefühl zu wissen, wenn ich etwas anfange, weiß ich nicht was morgen passiert, aber ich weiß, was am Ende sein wird. Dann werde ich wieder einmal gewonnen haben, wie immer.

Und in diesem Bewusstsein, in diesem Glauben, sollten Sie Ihre Vorhaben angehen. Allerdings werden Sie dann manche Sachen gar nicht erst beginnen. Wie oft ist man begeistert aus dem Urlaub gekommen und hat sich gesagt: Es war jetzt so schön in Italien, ich lerne jetzt Italienisch. Man meldet sich also bei der Volkshochschule an, geht auch zwei oder drei mal hin und dann bekommt man mal den Schnupfen oder man hat Besuch oder dann hat man mal keine Zeit und dann hat man den Anschluss verloren – und es ist wieder mal nichts geworden.

Wenn Sie wissen, wenn ich etwas anfange, dann gibt es kein anderes Ende, dann gibt es auch keine Entschuldigung mehr, keine Ausrede, dann werde ich das erfolgreich abschließen, dann werden Sie auch sorgfältiger prüfen, was Sie anfangen. Ob Sie das wirklich abschließen wollen, ob Sie bereit sind, das zu tun. Das heißt, ein Leben voller faszinierender Möglichkeiten wartet darauf, dass Sie es entdecken und in Erscheinung treten lassen.

Erfolgreich zu sein, kann man lernen, wie man eine Fremdsprache lernt. Machen Sie sich bewusst welch großartiger Schritt das vor 12.000 Jahren etwa war, als unsere Vorfahren, die bis dahin Jäger, Nomaden und Sammler waren,

Wie man seinen persönlichen Erfolg unvermeidbar macht!

Tief im Innersten ahnt wohl jeder, dass das Leben mehr zu bieten hat, als wir bisher verwirklicht haben. Dass es ein Leben geben könnte, voller faszinierender Möglichkeiten und dass dieses Leben auf Sie wartet. Aber dieses wunderbare Leben wartet darauf, dass Sie vorbereitet sind, dass Sie Ihre Lektion des Erfolgs gelernt haben.

Erfolg gehorcht ganz einfachen Gesetzen. Wenn Sie diese kennen und befolgen, wird Ihr Erfolg „unvermeidbar". Erfolg ist ein Produkt, und es kann wie jedes Produkt in jeder beliebigen Menge hergestellt werden. Ein Leben voller faszinierender Chancen wartet darauf, dass Sie es „entdecken" und „in Erscheinung" treten lassen.

Nur wenige wissen von den unbegrenzten Möglichkeiten des menschlichen Geistes, den Kräften und Fähigkeiten, die in ihnen schlummern. Sie alle verfügen über ein phantastisches Vermögen, das zum größten Teil nicht genutzt wird. Die meisten wissen gar nicht, dass sie es haben.

ALLES bringt Sie weiter, wenn Sie richtig damit umgehen. Sie können aus ALLEM einen Erfolg machen und JEDES SPIEL gewinnen. Das Leben ist zu wichtig, um es dem Zufall zu überlassen!

Bevor Sie ein Ziel erreichen können, müssen Sie eins haben! Die meisten Menschen wissen nur genau, was sie NICHT wollen. Manche Menschen sind erfolgreicher, gesünder und glücklicher als andere. Da muss man sich doch fragen: „Was machen die anders? Warum gehöre ich nicht dazu? Wie verhindere ich meinen Erfolg?"

Das Ergebnis unserer falschen Lebensführung nennen wir Schicksal, die einzelnen Fehler, die wir machen, Erfahrungen!

Schaffen Sie Zielklarheit! Wer weiß, was er will und sagt, was er will, der bekommt – was er will! Wer ein klares Ziel hat, hat bereits den halben Weg zurückgelegt und aus klaren Zielen ergeben sich klare Entscheidungen und Prioritäten. So kann man mit einem Minimum an Aufwand ein Maximum an Ergebnis erreichen!

auf einmal das Säen entdeckten. Bis dahin, Jahrtausende lang, waren Sie darauf angewiesen, hoffentlich etwas zu Essen zu finden. Und wenn nicht, dann hungerten sie, und wenn sie länger nichts fanden, dann verhungerten sie. Und wenn sie was fanden, ein Abendessen, das zu groß war, dann wurden sie das Abendessen des Säbelzahntigers, oder was immer sie gefunden hatten.

Und irgendwann, in einem genialen Sprung des Bewusstseins, erkannte jemand, dass man diese kleinen Körnchen nicht nur essen kann, sondern dass man die säen kann und dass dann Monate später etwas wächst. Bis dahin lebten die Menschen im Jetzt. Es gab nur diesen Augenblick. Man kannte auch noch nicht den Zusammenhang vom Kinderzeugen. Kinder schenkten die Götter. Das der Spaß, den ich vor neun Monaten hatte, etwas mit dem Kind zu tun hat, das war außerhalb ihrer Bewusstseinsreichweite. Den Zusammenhang konnten sie nicht erkennen. Und jetzt auf einmal erkannten sie, man kann etwas säen, das Monate später etwas hervorbringt. Und sie erkannten damals auch, dass bestimmte Samen immer eine ganz bestimmte Ernte hervorbringen. Dass es nie passieren kann, dass ich Weizen säe und Kartoffeln ernte. Sondern, wenn ich Weizen säe, kann ich absolut sicher sein, dass ich auch Weizen ernte. Das kann ich auch umkehren. Wenn ich Weizen ernte, dann weiß ich, dass da Weizen gesät worden sein muss, weil die Natur sich nicht irrt. Die kann nicht, aus versehen, Rüben hervorbringen.

Weshalb ich das sage, ist: Wir sind gerade wieder in einer solchen großartigen Entdeckung. Man könnte es vielleicht als den geistigen Ackerbau bezeichnen. Unser Acker, heute, ist die Zukunft. Und wir erkennen gerade, dass Ereignisse unseres Lebens nicht aus dem Dunkel des Schicksals auf uns zu kommen, mal was Angenehmes, mal was Unangenehmes, sondern jeder bekommt immer nur das, was er verursacht, was er gesät hat.

Die meisten aber säen geistig noch unbewusst. Und das ist der Schritt, den wir vollziehen sollten, dass wir ganz bewusst säen. Und das Schöne ist, Sie können so viel Zukunft in Besitz nehmen und bestellen, wie Sie wollen. Wenn Sie wollen, Ihre gesamte Zukunft. Das ist wie damals beim Ackerbau. Da musste man auch noch nicht den Acker kaufen und es gab noch kein Grundbuchamt, man musste keine Hypotheken eintragen lassen und bezahlen. Man machte da einfach einen Pflock hin und sagte, das ist meins. Und wenn man wollte, dann konnte man die Pflöcke ganz weit setzen, dann hatte man eben ein ganz großes Grundstück.

Genau so ist es mit Ihrer Zukunft. Niemand neidet Ihnen Ihre Zukunft. Sie können so viel Zukunft in Besitz nehmen, wie Sie wollen. Und Sie können anfangen, diese Zukunft zu bestellen. Und es wird wieder genau das Gleiche passieren, wie vor 12.000 Jahren. Das, was Sie säen, wächst. Oft schon in wenigen Tagen können Sie ernten, und Sie werden genau das ernten, was Sie gesät haben. Das heißt, Sie können so viel Erfolg verursachen, wie Sie wollen, und Sie können in jedem Augenblick damit beginnen.

Und Erfolg bedeutet sehr viel mehr als Geld, Besitz, Macht, Überlegenheit, sich durchsetzen, Siegen. Erfolg bedeutet in Wirklichkeit, dass alles Tun erfolgreich ist. Zum wahren Erfolg gehört also auch Gesundheit, Freude, Glück, vor allem aber Erfüllung. Denn Erfolg ohne Erfüllung ist kein Erfolg. Deshalb ist das Wichtigste, was Sie jetzt, heute, hier tun können, sich ganz bewusst zu entscheiden, dass Sie einer der noch wenigen sind, die Ihre Zukunft bewusst bestimmen. Die erfolgreich hervorbringen, was immer sie haben wollen.

Und genau so wenig, wie der Acker einem Bauer sagen kann: „Nein, den Weizen bringe ich nicht hervor", genau so wenig kann das Leben Ihnen versagen, dass das in Ihren Umständen in Zukunft geschieht, was Sie jetzt verursachen. Das heißt: Sie können alles haben.

Und auf diesem Weg noch eine Information, die Ihnen wahrscheinlich gefällt: Harte Arbeit ist keine Ursache für den Erfolg! Wann immer Sie sich einmal anstrengen, in Ihrem Leben, zeigt das nur, dass es anders leichter ginge. Angewandte Intelligenz aber führt immer zu Erfolg.

Wir können also sagen, es kostet nicht mehr Mühe erfolgreich zu sein, als erfolglos zu sein, aber es macht sehr viel mehr Spaß. Während Sie hier zuhören, machen Sie Gebrauch vom dem faszinierendsten Instrument, das die Erde bisher hervorgebracht hat – das menschliche Gehirn. Die meisten aber sind nur Gehirnbesitzer und nicht Gehirnbenutzer. Wir sollten einmal von diesen Möglichkeiten Gebrauch machen. Es ist messbar, dass wir zwischen 5 und 15 % der Kapazität unseres Denkinstrumentes nutzen.

Das ist ungefähr so, als würden Sie ein Hochhaus geerbt haben und Sie wohnen immer nur im Erdgeschoss. Und eines Tages kommt mal jemand und will wissen, was denn in der nächsten Etage ist und Sie haben keine Ahnung, weil Sie da noch nie waren.

Heute möchte ich Sie anregen einmal in die nächste Etage zu gehen und vielleicht auch in die Übernächste, und einmal in Besitz zu nehmen, was Sie da haben, was Ihnen zur Verfügung steht. Dieses Instrument wurde unter den widrigsten Bedingungen getestet und ist von einer unübertrefflichen Leistungsfähigkeit. Aber wir müssen erst einmal lernen unser Denkinstrument zu benutzen.

Als Fundament sollten wir uns zunächst einmal unsere Grundeinstellung zum Leben bewusst machen. Denken Sie einmal zurück an den Augenblick, kurz bevor es Sie gab. Den Augenblick Ihrer Zeugung. Machen Sie sich einmal bewusst: Bei Ihrer Zeugung gingen 300 Millionen Samenzellen an den Start. Jede wollte die Erste sein, aber Sie haben gewonnen, sonst wären Sie nicht hier. Sie werden nie wieder in Ihrem Leben gegen eine solche erdrückende Übermacht angehen müssen. Das heißt, Sie sind von Natur aus ein Gewinner. Die anderen mussten warten. Sie haben es geschafft.

Gehen Sie einmal in dieses Bewusstsein hinein, wer Sie wirklich sind. Sie sind von Natur aus ein Gewinner! Und machen Sie sich bewusst, dass Sie ständig gewinnen. Ganz gleich, um was es geht, zunächst gewinnen Sie einen Eindruck von der Situation. Dann gewinnen Sie die Erkenntnis Ihrer Macht, etwas unternehmen und ändern zu können. Das ist der entscheidende Schritt vom Opfer zum Schöpfer.

Sie sollten nicht das Beste aus Ihren Lebensumständen machen, Sie sollten sich die besten Lebensumstände machen. Befreien Sie sich aus dem Gefängnis der Begebenheiten, denn die gibt es nicht. Schicksal müsste eigentlich ‚Machsal' heißen, denn Sie machen es sich, und Sie könnten es jederzeit ändern.

Und wenn Sie etwas geändert haben und es war falsch, was Sie gemacht haben, dann gewinnen Sie gleich dreimal. Erstens die Einsicht, dass es falsch war. Zweitens die Erkenntnis, wie es richtig sein sollte. Und Drittens die Chance, es beim nächsten Mal besser zu machen.

Und war es gleich richtig, was Sie getan haben, dann gewinnen Sie den gewünschten Endzustand. Dann sind Sie am Ziel. Dann haben Sie das erreicht, was Sie wollten. Und letztlich gewinnen Sie Freude und Dankbarkeit. Und da das immer müheloser geht, gewinnen Sie die Leichtigkeit des Seins. Das Leben hört auf, ein Kampf zu sein, der es nie war. Wir haben es nur daraus gemacht.

Ich vergleiche das Leben eher mit einem Kartenspiel. Eine Karte ist, ich denke, ich rechne damit, ich hoffe, ich erwarte, ich wünsche, je nach Punkten der Karte. Ein Ass ist eine feste Überzeugung – ich weiß, so ist es. Und der Joker ist die absolute Gewissheit des Erfolges. Und das Schöne am Kartenspiel des Lebens ist, Sie entscheiden, welche Karten Sie wählen. Und ganz gleich, wie Sie bisher gewählt haben, Sie können jetzt neu wählen. Nehmen Sie doch alle vier Asse und den Joker. Und spielen Sie, wenn Sie wollen, das Leben nur mit Assen. Fangen Sie heute hier an, in jedem einzelnen Fall zu gewinnen.

Ein Mythos ist zum Beispiel: Eine gute Ausbildung sichert den Erfolg. Zur Zeit gibt es 10.000 Akademiker, die eine gute Ausbildung haben und trotzdem arbeitslos sind. Die Ausbildung alleine kann es also nicht sein. Denn wenn es wirklich so wäre, dann müssten Lehrer und Universitätsprofessoren zu den reichsten Menschen der Welt gehören, denn sie haben die beste Ausbildung. Aber wir wissen, dass das nicht so ist.

Ich hatte vor einigen Jahren ein Erlebnis – ich bin zufällig, nach 40 Jahren, dem Besten meiner Klasse wieder begegnet. Der war damals allen so haushoch überlegen, dass ich dachte, der wird mindestens Weltbankpräsident oder irgendetwas ähnliches. Er ist Buchhalter in einer kleinen Keramikfabrik mit 56 Beschäftigten, und hat mir begeistert erzählt, dass er gute Aussichten habe, in den nächsten Jahren Prokura in der Firma zu bekommen.

Ich bin tagelang wie gelähmt durch mein Leben gegangen, weil ich dachte, dieses leuchtende Vorbild hätte das erreicht. Inzwischen weiß ich, dass es nicht so ist. Die Ersten in der Klasse arbeiten später meistens für die Letzten in der Schule. Warum? Ganz einfach, weil diejenigen, die eine hohe Intelligenz haben, in der Schule leicht durchkommen und sie entwickeln nicht die Muskeln, die man braucht.

Sie entwickeln, wie ich es nenne, keine Erfolgsintelligenz. Der IQ, die normale mentale Intelligenz, die ist ziemlich vorgegeben. Die kann man ein bisschen optimieren. Aber die Erfolgsintelligenz können Sie vervielfachen. Und Erfolgsintelligenz heißt, dass ich meine Probleme lösen kann, dass ich mir jeden Wunsch erfülle und dass ich jedes Ziel sicher erreiche. Und das ist das Ziel des heutigen Themas.

Das wollen wir in diesem einen Tag erreichen, denn ich brauche Sie nur daran erinnern. Sie alle haben das Werkzeug dazu. Ich möchte Sie nur daran erinnern, wie Sie mit diesem Werkzeug optimaler umgehen. Wer in seinem Leben keinen Erfolg hat, braucht sich deswegen nicht gleich für einen Idealisten halten. Er versäumt nur etwas. Er lebt im Mangel.

Machen Sie sich noch etwas bewusst. Bevor Sie etwas beginnen, steht fest, ob Sie gewinnen oder verlieren. Denn dann haben Sie ja schon gesät. Indem Sie es beginnen, mit der Haltung, mit der Sie es beginnen, mit der Überzeugung, mit der Sie es beginnen, steht fest, ob es ein Erfolg wird oder nicht. Sie könnten sich das meiste im Leben sparen, weil es eh nichts wird. Setzen Sie sich lieber in Ihren Lieblingssessel, legen die Hände in den Schoß, schauen aus dem Fenster raus oder fern – und sparen Sie Ihre Kräfte.

Aber wenn Sie etwas unternehmen, dann sollten Sie einfach verursachen, dass es ein Erfolg wird, und dann wird es auch einer. Und die Grundlage dafür ist Ihre Überzeugung. Ihre Überzeugung, wenn ich etwas anfange, dann endet es mit einem Erfolg.

Nun gibt es Menschen, die lernen eine Lektion gleich beim ersten Mal und andere, die brauchen eine mehrfache Wiederholung, bevor sie es verstanden haben. Es gibt sogar einige, die scheinen auch aus schmerzhaften Erfahrungen nichts zu lernen – und wiederholen ständig die gleichen unangenehmen Situationen.

Damit Sie nicht immer denken, es seien die anderen, prüfen Sie einmal, ob Sie dazu gehören. Ob es in Ihrem Leben nicht auch irgendwo eine schmerzhafte Erfahrung gibt, die Sie immer wieder wiederholen?

Ich erlebe es in meiner Praxis immer wieder, dass zum Beispiel ein junges Mädchen eine diktatorische Mutter oder einen diktatorischen Vater hatte und so früh wie möglich aus dem Elternhaus raus wollte, um in die Freiheit zu kommen – und dann einen diktatorischen Partner heiratete, und sich nach einiger Zeit frustriert und enttäuscht scheiden ließ, um erneut einen Diktator zu finden.

Solange wir diese Grundhaltung nicht ändern, vollziehen wir immer wieder die gleichen Muster. Und solange wir diese gleichen Muster bestehen lassen, machen wir die gleichen schmerzhaften Erfahrungen. Ich wiederhole also noch einmal: Realität, das was wir Realität nennen, folgt unserer Überzeugung. Wenn Sie als Gewinner geboren sind, haben Sie zwar die besseren Startbedingungen, aber gewinnen kann man lernen.

Manche Menschen haben schon als Baby Pech. Sie stoßen sich überall, fallen vom Wickeltisch, bekommen jede Krankheit, später fahren sie sich Beulen in ihr Auto, werden bei der Gehaltserhöhung übergangen. Und andere haben das Glück scheinbar gepachtet. Was sie anfassen gelingt, wird ein Erfolg. Sie wissen einfach, dass sie es schaffen, und sie schaffen es dann auch, weil sie überzeugt sind, dass sie es schaffen.

In der Bibel gibt es ein Gesetz, dass darauf hinweist, aber kaum einer kennt es. Bittet, um was Ihr wollt, glaubt nur, dass Ihr erhalten habt, und es wird Euch gegeben werden. Wir denken normalerweise nicht groß darüber nach. Das ist so ein Bibelspruch, und das ist sicher in Ordnung. Ich bin immer darüber gestolpert, schon im Religionsunterricht. Ich habe immer gesagt, das ist doch ein Unsinn. Wie kann ich glauben, etwas zu haben, was ich nicht habe. Ich will es ja gerade haben, weil ich es nicht habe. Da kann ich doch nicht glauben, dass ich es habe. Und dann ist es doch ungerecht, dass ich es erst bekomme, wenn ich glaube, dass ich es habe. Aber genau dieses Paradox gilt in der Schöpfung.

Sie brauchen sich nur einmal bewusst machen, wenn eine Firma einen intern begehrten Posten neu besetzen will, sagen wir mal, einen Abteilungsdirektor – wer wird denn Abteilungsdirektor? Wer wird denn der Neue? Der, der es vorher schon ist. Ich muss es in mir sein, ich muss die Voraussetzungen mit bringen. Da wird nicht einer hingesetzt, in der Hoffnung, der lernt das schon mit der Zeit.

Also lernen wir daraus eine Gesetzmäßigkeit. Ich kann erst etwas bekommen, wenn ich es habe. Ich kann nichts werden, bevor ich es bin. Hört sich paradox an, ist aber ein Gesetz. Konkret heißt das jetzt: Bevor ich beginne, etwas zu erreichen, sollte ich verursachen, dass es ein Erfolg wird. Und der erste Schritt zu dieser Ursache ist, ich schaffe die mentale Form durch Imagination. Ich stelle mir vor, wie hätte ich es denn gerne?

Das heißt ganz konkret, ich sollte mich mit meiner Zukunft so vernünftig verhalten, wie wenn ich ein Kleidungsstück kaufe. Wenn Sie an einem Schaufenster vorbeigehen und sehen ein interessantes Kleidungsstück im Fenster, gehen Sie auch nicht rein und sagen, packen Sie mir das ein.

Das richtige Ziel

Bei der Zielklarheit ist zu beachten, dass es nicht nur darauf ankommt, sich Ziele zu setzen, sondern es sollten auch die „Richtigen" sein, denn es gibt richtige und falsche Ziele.

Ein richtiges Ziel ist das, welches mit Ihnen übereinstimmt. Außerdem ist darauf zu achten, dass Ihre Ziele miteinander im Einklang sind und sich nicht gegenseitig behindern oder gar aufheben. Wenn Sie sich zum Beispiel als Ziel setzen, einige Kilo abzunehmen, können Sie nicht gleichzeitig oft und viel essen.

Sie erkennen ein „stimmiges" Ziel auch daran, dass es Ihnen die Kraft zu seiner Verwirklichung gibt. Es löst „Begeisterung" aus, die Sie sicher ans Ziel bringt und liefert die Kreativität, die Sie zur Verwirklichung ihres Zieles brauchen. Prüfen Sie daher sorgfältig, welche Ziele ihr Leben reicher und lebenswerter machen.

Ob Sie denken:

„Ich kann nicht" oder „ich kann" –

Sie behalten in beiden Fällen Recht!

Sondern Sie sagen: ‚Moment, das möchte ich erst gerne anprobieren.'

Und wenn Sie so etwas anprobieren, dann ist es Ihnen allen schon einmal so gegangen, dass Sie noch ein oder zwei andere Sachen zum Probieren mitgenommen haben, wenn Sie schon mal da sind. Und dann ist es Ihnen immer wieder mal passiert, das, weswegen Sie rein gegangen sind, das war es dann doch nicht. Irgendwie gefiel es Ihnen nicht und das, was Sie nur mal anprobieren wollten, weil Sie schon mal da waren, das haben Sie dann gekauft, weil das war es.

Und genau so vernünftig sollten wir uns mit unserer Zukunft verhalten. Verursachen Sie keine Zukunft, bevor Sie sie anprobiert haben. Gewöhnen Sie sich an, zuerst in Ihrer Imagination den erwünschten Endzustand zu probieren. Stellen Sie sich also immer wieder in neuen Situationen in dem gewünschten Endzustand vor, und probieren Sie aus, ob Sie das auch wirklich haben wollen. Denn sehr oft im Leben besteht die Strafe darin, dass wir das bekommen, was wir haben wollten.

Schon mancher hat gesagt, ich will unbedingt die Erika heiraten, und dann hat er sie bekommen. Das gilt natürlich auch für den Michael. Wenn wir wirklich erfolgreich sein wollen, müssen wir die Zukunft anprobieren. Und anprobieren heißt nicht, sich zwei, drei Minuten einmal vorstellen, wie wäre das denn, wenn ich das hätte.

Das Geheimnis des Anprobierens besteht darin, dass es mindestens eine Stunde, besser zwei, anprobiert werden sollte. Es würde ja zu lange dauern, das zu erklären, warum diese erste Stunde nicht so wichtig ist. Erst der Teil von der ersten bis zur zweiten Stunde ist wichtig. Denn anfangs spielt der Verstand mit, der sagt: „Au ja, stellen wir uns mal vor, ich wäre Direktor, oder ich kriegte die

Gehaltserhöhung, oder ich gewinne im Lotto. Das würde mir schon Spaß machen, also dann hätte ich genügend Geld, dann könnte ich …" Aber so nach einer Minute oder zwei, verliert der Verstand das Interesse daran, der will immer was Neues.

So ist es aber noch nicht verursacht, denn es ist ja noch nicht geglaubt. Sie haben sich ja noch nicht überzeugt. Sie überzeugen sich erst, wenn Sie sich immer wieder in dieser Situation erleben. Das Geheimnis ist, dass Sie durch Imagination aus einer beliebigen Zukunft erlebte Gegenwart machen. Dass Sie also ein gewünschtes Ereignis durch Ihre Imagination, also durch Ihre Vorstellung, in die Gegenwart holen. Das Sie es jetzt erleben. Denn eine Ursache kann ich nur jetzt setzen. Und deswegen muss ich es in Besitz nehmen durch Identifikation.

Der erste Schritt ist also Imagination. Ich stelle mir vor, das hätte ich gerne. Prüfe, ob ich es wirklich will, ob es mir entspricht und ob ich mich dabei gut fühle. Und um das feststellen zu können, muss ich mich damit identifizieren. Das heißt, ich gehe einmal in der Vorstellung in die gewünschte Situation hinein und erlebe mich in immer neuen Aspekten, in der gewünschten Situation. Jetzt habe ich sie in Besitz genommen. Jetzt habe ich.

Ich erinnere Sie noch mal an das Gesetz: Bittet, um was Ihr wollt, glaubt nur, dass Ihr erhalten habt und es wird Euch gegeben werden. Jetzt habe ich erhalten. Jetzt muss es werden. Jetzt kann ich es getrost loslassen.

Ein Fehler, den viele dabei machen, Sie machen es genau richtig, Sie haben es verursacht, das Leben muss es Ihnen absolut zuverlässig geben. Am nächsten Tag denken Sie noch mal dran und denken, hoffentlich klappt das. Zack, ist es wieder weg. Sie haben gerade abbestellt. Sie haben sich gerade durch eine Hoffnung, durch einen Wunsch, getrennt, denn verursacht haben Sie, ich habe es nicht. Das haben Sie verursacht. Und dann passiert nichts und Sie sagen: Ja, bei mir klappt das nicht. Weil Sie nicht in Besitz genommen haben. Sie haben es weggehofft, weggewünscht. Und das sollten wir lassen.

Wenn Sie also erkannt haben, dass Sie von Natur aus ein Gewinner sind, dann wird Ihre Ausstrahlung Ihre Umgebung schon veranlassen Ihnen zu helfen, wieder einmal zu gewinnen. Und Ihr Optimismus wird einfach grenzenlos, weil Sie wissen, dass Sie es ja doch wieder schaffen, und weil Sie davon überzeugt sind, schaffen Sie es auch immer wieder. In jedem einzelnen Fall. Sie haben einfach die richtige Lebenseinstellung.

Und noch etwas: Lösen wir uns von der durch nichts zu begründenden Vorstellung, dass es im Universum eine begrenzte Menge an Wohlstand gebe, der daher möglichst gerecht zu verteilen ist. Das Grundprinzip des Sozialismus. Das hat noch nie funktioniert. Es wird auch in Zukunft nicht funktionieren. Nicht, weil das eine schlechte Idee ist. Es ist eine wunderbare Idee. Sozialismus funktioniert nur nicht, weil keine Sozialisten da sind. Und Kommunismus funktioniert nicht, weil es keine Kommunisten gibt, und Demokratie funktioniert auch nicht, weil keine Demokraten da sind, weil lauter Egos da sind, die was haben wollen. Das ist immer das Problem.

Das heißt also, haben Sie kein schlechtes Gewissen, wenn Sie Wohlstand in Erscheinung treten lassen, denn jeder andere hat die gleiche Chance. Mangel und Knappheit ist nur eine Vorstellung im Verstand. Die Realität ist bereit, jederzeit, für jeden beliebig viel von allem hervor zu bringen, wenn Sie es verursachen. Genau, wie der Bauer auch kein schlechtes Gewissen haben muss, wenn er eine reiche Ernte verursacht. Der andere könnte ja auch.

Und gehen Sie noch einen Schritt weiter. Sie brauchen ab heute im Leben wirklich auf nichts mehr zu verzichten. Und sitzt das irgendwie in uns drin, durch unsere christliche Erziehung, Demut und Verzicht und Abgeben und Verteilen. Wenn Sie unbedingt auf etwas verzichten wollen, dann verzichten Sie auf das Verzichten. Und wenn Sie etwas teilen wollen, dann teilen Sie diese Erkenntnis mit anderen. Dann kann jeder selbst sich verursachen, was er will. Wenn wir also wirklich märchenhaft leben wollen, dann gehört dazu, dass wir wieder Träumen lernen. Träumen ist ein unverzichtbarer Erfolgsfaktor. Lernen Sie wieder zu träumen.

Wenn wir ins Leben treten, haben wir alle einen bestimmten Traum von diesem Leben, mit der Absicht diesen Traum zu verwirklichen. Aber dann wirken Eltern, Gesellschaft, Schule, Beruf, Umstände, auf uns ein. Wir richten uns nach den Gegebenheiten und verlieren allmählich unseren Traum aus den Augen.

Mein Traum war vielleicht, mit Robert Redfort oder Claudia Schiffer auf Hawaii zu leben. Statt dessen lebe ich mit Käthe Schmitt oder Hans Müller in Wanne-Eikel. Mein Traum ist es vielleicht, einen Jaguar zu fahren, statt dessen kaufe ich mir einen Golf. Der ist praktisch, quadratisch, gut, nicht zu teuer, günstig im Verbrauch, hat nach fünf Jahren noch einen ordentlichen Wert. Ich handele vernünftig. In Wirklichkeit verrate ich meinen Traum. Ich könnte ja alles haben. Wir alle haben als Prinzen und Prinzessinnen begonnen, und die meisten enden als Frosch, weil Sie keiner wach küsst.

Wenn wir geboren werden, sind wir zunächst in der Rolle des Opfers. Wir sind auf die Mutter und die Umwelt angewiesen. Aber möglichst bald sollten wir erwachsen werden, das heißt, bewusste Schöpfer unserer Lebensumstände sein. Und dazu gehört eben auch, dass ich wieder meinen Traum träume. Dass ich meinen Traum lebendig werden lasse, und dass ich dann einmal prüfe, was verhindert denn bisher die vollkommene Erfüllung meiner Träume. Erstaunlicherweise, und ich habe das sehr oft nachprüfen können, können die meisten Menschen Ihren Traum nur deswegen nicht verwirklichen, weil sie gar keinen Traum mehr haben. Und die anderen verhindern ihren Traum, weil sie glauben, das geht ja eh nicht.

Sie haben Glaubenssätze, vernünftige Glaubenssätze scheinbar, wie ‚man kann nun mal im Leben nicht alles haben'. Wer sagt das? Das ist so, als wenn der Bauer sagen würde: Man kann nun mal nicht säen, was man will. Doch, genau das kann man aber. Sie können vom Leben alles haben! Und dem Leben ist es völlig gleichgültig, was Sie verursachen. Es wird geliefert.

Wir können also sagen, seine Probleme löst man am einfachsten, wenn man aufhört, ein Problem zu sein. Fangen Sie an, ein bewusster Schöpfer zu sein. Machen Sie sich bewusst, dass Sie alles vom Leben haben können, was immer Sie wollen. Es gibt keine Ausnahme.

Ich habe eine Bitte, versuchen Sie einmal kurz, nicht mehr mit Ihrem Nachbarn zu sprechen, sondern sammeln Sie sich in sich, ruhen Sie einmal in sich, in Ihrer Mitte, und gehen Sie in das Bewusstsein: Ich bin ein Gewinner. Ich gewinne ab jetzt in jedem einzelnen Fall. Dann können wir in dieser Gruppenenergie in die zweite Runde gehen.

Prüfen Sie einmal, ob Sie das Bewusstsein, in dem Sie in diesem Augenblick sind, für das Bewusstsein eines Erfolgreichen halten. Optimieren Sie Ihr Bewusstsein. Seien Sie einmal ganz bewusst ein Gewinner. Machen Sie sich bewusst: ‚Alles, was ich ab jetzt anfasse, wird ein Erfolg. Es gibt keine Ausnahme mehr.' Die wichtigste Voraussetzung ist Ihre Überzeugung. Manche sagen vielleicht: Ja, ich würde das ja gerne glauben, das macht mir aber noch Schwierigkeiten.

Prüfen Sie einmal, wer Sie sind! Als wen empfinden Sie sich? Wenn Sie ein Ich sind, ein Mensch, eine Persönlichkeit, ein Körper mit einem Verstand, dann haben Sie vielleicht Schwierigkeiten zu glauben, dass Sie vom Leben alles haben können. Wenn Sie sich aber bewusst machen, wer Sie wirklich sind, und sich erkennen, als ein ungetrennter Teil des einen Bewusstseins, der stärksten Kraft des Universums, dann ist es ganz natürlich, dass Sie alles vom Leben haben können. Und dann ist es ganz leicht, das zu glauben, dass Sie in jedem einzelnen Fall Erfolg haben.

In der ersten Stunde wollte ich Ihnen erst einmal zeigen, dass alles möglich ist. Und jetzt sollten wir es möglich machen, indem wir Schritt für Schritt die Gesetze des Erfolges in uns vollziehen, das heißt, Teil unserer Überzeugung werden lassen.

Gehen wir also einmal, Schritt für Schritt, die Erfolgsgesetze durch. Das unfehlbare Erfolgssystem, das absolut zuverlässig Erfolg hervorbringt, so wie die Saat die entsprechende Ernte hervorbringt.

Wir haben gesagt, Erfolg ist etwas, dass erfolgt. Machen Sie sich das einmal bewusst. Erfolg muss nicht geschaffen werden. Erfolg erfolgt. Er muss nur verursacht werden. Machen Sie sich auch bewusst, ganz gleich was Sie tun, immer erfolgt etwas. Sie haben immer schon, in jedem einzelnen Fall, Erfolg. Und es erfolgt immer das, was der gesetzten Ursache entspricht. Das ist nicht immer das, was Sie beabsichtigen. Das heißt, wir bekommen vom Leben nicht das, was wir gerne hätten, oder das, was wir ganz dringend brauchen, ohne das wir nicht sein können. Wir bekommen nur das, was wir verursachen.

Der Bauer bekommt von der Natur auch nicht das, was er gerne hätte, sondern das, was er sät. Das ist ein ganz einfaches Gesetz, aber wenn wir es erkennen und befolgen, dann können wir alles haben, indem wir das Entsprechende säen.

Verinnerlichen Sie auch bitte: Sie können nur so viel Erfolg verursachen, wie Sie denken und glauben können. Das sind die beiden einzigen Voraussetzungen, die Sie schaffen.

Ich habe vor einigen Wochen ein Experiment gemacht. Ich habe gesagt: Wenn ich in dieses Gewinnerbewusstsein gehe, müsste ich doch auch im Lotto gewinnen können. Nicht, dass ich das brauche, aber es ist eine interessante Erfahrung. Und so habe ich einmal, ich mache das sonst nicht, getippt. Und da ich dort gerade die Möglichkeit sah, habe ich auch noch ein Los der Klassenlotterie gekauft. Ich habe mir gesagt: Mal sehen, was da passiert. Dabei habe ich eine interessante Erfahrung gemacht. Ich habe an dem Wochenende im Lotto gewonnen, und mein Lotterielos hat gewonnen. Allerdings zu wenig! Ich habe 390 € im Lotto gewonnen, und 300 € hat mein Los gebracht. Gut, wenn man das jedes Wochenende macht, ist das auch noch ganz gut.

Aber manchmal geht es einem, wie dem Mann, der seinen Freund traf. Der hatte ein langes Gesicht. Der Mann sagte: ‚Was ist denn los mit dir?' Antwortet der: ‚Ja, ist doch auch wahr.' Sagt der Mann: ‚Ja, was war denn?' Sagt er: ‚Ja, ich habe da vor 6 Wochen 3 Millionen im Lotto gewonnen.' Sagt der Mann: ‚Und deswegen machst du so ein Gesicht?' Darauf der Freund: ‚Nein, nein, eine Woche später habe ich dann das große Los in der Lotterie gehabt. Fünf Millionen!' Sagt der Mann: ‚Das ist ja unglaublich. So viel hast du gewonnen? Und weshalb machst du jetzt so ein

Gesicht?' Antwortet der Freund: ‚Seit der Zeit ist alles wie abgeschnitten.'

Ich glaube, dass das nicht erforderlich ist. Meine Erfahrung hat mich nämlich wieder etwas gelehrt. Ich habe unpräzise bestellt. Ich habe einen Lottogewinn bestellt, und den habe ich auch bekommen. Ich habe nicht einmal bestellt, sondern ich habe gedacht, es müsste doch auch möglich sein, mal in der Lotterie zu gewinnen, und habe auch gewonnen. Aber ich habe nicht gesagt, viel oder den Hauptgewinn. Ich werde diese Erfahrung also wiederholen.

Viele Menschen verursachen zum Beispiel, dass sie zu Geld kommen. Und dann kommen sie zu 10 oder 100 oder 1000 Euro. Das ist Geld. Aber sie haben nicht gesagt, wie viel. Und zwar deswegen nicht, weil sie innerlich wissen: Viel können sie nicht glauben. Und da sie es nicht glauben können, können sie es nicht bekommen. Das heißt, wir können vom Leben nichts bekommen, was wir uns selbst versagen.

Also prüfen Sie einmal: Zu wie viel Geld könnten Sie denn noch bis Weihnachten kommen? Prüfen Sie einmal und übersetzen Sie sich das in einen Betrag. Was könnten Sie glauben, das Sie noch bis Weihnachten bekommen, verdienen?

Das mit dem Verdienen, das möchte ich Ihnen auch noch aus dem Bewusstsein streichen. Unsere Sprache gibt uns da leider ein Handicap vor, weil wir zu Geld kommen, indem wir es verdienen. In anderen Sprachen ist das viel besser, und deswegen sollten wir das ändern. Das heißt, es ist ein Unterschied, ob ich ein Amerikaner bin und gehe hinaus ‚to make money', ich mache Geld.

Das ist eine ganz andere Grundhaltung als verdienen. Das hört sich so nach „im Schweiße deines Angesichts" und „mühevoll", „muss man sich erarbeiten" an. Und mit dieser Grundüberzeugung gehen wir dann ran, dass man sich Geld eben verdienen muss.

Die Engländer machen das noch besser: „to earn money", die ernten es einfach. Von säen ist da überhaupt nicht die Rede. Die haben ein Weltreich gegründet, indem sie in die Welt hinausgezogen sind und gesagt haben: Das ist alles mein! Und die haben geerntet. Es geht offensichtlich.

Ich will nur sagen, wie die Sprache schon eine ganz andere Haltung vorgibt. Oder, vielleicht können Sie sich die französische Grundhaltung zu Eigen machen: ‚gagner de l´argent'. Die Franzosen gewinnen Geld einfach.

Wenn wir einmal in die verschiedenen Sprachen schauen, zeigt das: Man muss Geld gar nicht unbedingt verdienen, es genügt völlig, dass man es bekommt oder hat. Also, streichen Sie das Verdienen aus Ihrem Bewusstsein, ersetzen Sie es durch „Verursachen".

Die Ungarn sind noch ein bisschen schlechter dran, die suchen Geld. Die haben es bis heute nicht gefunden. Weshalb ich das immer wieder gerne sage, ist, dass wir uns die verschiedenen Energien bewusst machen, die uns die Sprache vorgibt, um zu Geld zu kommen. Und dass es keineswegs Gott gewollt ist, dass man Geld verdient, sondern dass Sie bestimmen, auf welche Weise Sie zu Geld kommen. Das heißt, dass Sie es verursachen. Und wenn Sie Geld verursachen, oder Erfolg, oder was auch immer Ihnen wichtig ist, Sie können jeden beliebigen Zustand verursachen. Denken Sie an die innere Dimension.

Wenn Sie Geld verursachen, kann es Ihnen gehen wie mir, dass Sie dann im Lotto 390 € gewinnen und sagen: Gut, jetzt habe ich gewonnen, aber ich habe mir das eigentlich anders vorgestellt. Nein, Sie haben es sich eigentlich nicht

Erfolg beginnt mit loslassen!

Manchen Menschen wird das Siegen in die Wiege gelegt. Andere finden es erst jetzt, denn Siegen kann man lernen. Siegen heißt aber nicht, einen Anderen zu „besiegen" und damit zum Verlierer zu machen, sondern siegen heißt: miteinander zu gewinnen.

Eine Aufgabe ist nur dann gelöst, wenn ALLE Beteiligten dabei gewinnen. Zwar können auch Sieger in Konkurs gehen, geschieden oder krank werden, aber was sie von Anderen unterscheidet, ist ihre Art damit umzugehen. Denn sie gehen aus allem gestärkt hervor. Sie wissen, dass es auf dieser Welt keine Fehler gibt, nur Feedback. So werden sie durch alles, was geschieht, immer besser und effektiver. Vor allem aber gehen sie den Weg der Freude, denn Erfolg ohne Freude ist kein Erfolg.

Sie wissen, was sie wollen und so bekommen sie es auch, denn die Welt tritt zur Seite, um den vorbei zu lassen, der weiß, wo er hin will. Sie wissen aber auch, dass das Leben ein Spiel ist, in dem man letztlich immer gewinnt. So entsteht eine beneidenswerte Souveränität und Lebens-Kompetenz. Das ist die Voraussetzung, um das Leben wirklich genießen zu können.

Viele Menschen glauben, dass Probleme durch Umstände, durch Dinge, durch Beziehungen – also immer von außen – entstehen. Dies ist jedoch ein Irrtum. Ein Problem entsteht durch die eigene feste Vorstellung, die wir von den Umständen haben.

Hier gibt es zwei Möglichkeiten, diese Vorstellung zu ändern: entweder von außen oder von innen. Eine Änderung von außen erfolgt durch eine Veränderung der Dinge, die uns nicht gefallen. Das ist nicht immer möglich, deshalb muss eine innere Änderung, nämlich eine andere Einstellung, angestrebt werden.

Ich kann ALLES bewusst loslassen, was nicht wirklich zu mir gehört: Minderwertigkeitsgefühle, Eitelkeit, Neid, Gewohnheiten, Dinge hinauszuzögern, Selbstmitleid, Rache, Reue, Egoismus, Ärger, Angst, Stress, Enttäuschungen, Aggressionen, Sorgen, Empfindlichkeit, Zweifel, Wut, Verurteilen, Unehrlichkeit.

Es handelt sich hierbei um keine von Natur aus im Menschen angelegte Wesenszüge. Vielmehr sind es Fehlprogramme, die gelöscht und durch neue, positive Programme ersetzt werden können. Auch Sie können dieses Ziel erreichen, wenn Sie sich mit den Ursachen des Fehlprogramms, den Auswirkungen und den Möglichkeiten einer veränderten Einstellung befassen!

anders vorgestellt. Sie haben genau das bekommen, was Sie verursacht haben, was Sie gewonnen zu haben. Und deswegen prüfen Sie einmal Ihre innere Dimension.

Ich sage Ihnen noch ein Beispiel. Ich habe einen Freund, der ist Filmproduzent in Kanada. Vor Jahren telefonierten wir mal und ich fragte, wie es ihm geht, und er antwortete: ‚Ach, ganz gut. Ich habe im Moment 22 Millionen Dollar Schulden.' Da sagte ich: Oh, 22 Millionen Dollar. Das sind etwa 22 Millionen Euro. Das würde mich doch belasten.' Sagte er: ‚Nein, das ist unwichtig, in zwei Jahren ist das wieder weg.' Und als wir das nächste mal darüber sprachen, da sagte er: ‚Ach, das ist erledigt. Inzwischen habe ich wieder 20 Millionen Guthaben.' Und da habe ich gemerkt, das ist eine andere innere Dimension. Ich habe nicht so in einem Jahr mal eben 20 Millionen Dollar, und dann wieder nicht, oder doch. Diese innere Dimension aber begrenzt unseren Erfolg.

Ich hatte z. B. jemanden, den habe ich gefragt: ‚Wie viel Geld werden Sie bis Jahresende verdient haben?' Das war im Mai. Er antwortete, er habe bisher immer so 550.000 € verdient, und er käme einfach nicht da rüber. Da sagte ich: ‚Stellen Sie sich einmal eine Summe vor, die Sie glauben könnten. Und er sagte: ‚Also, eine Million kann ich glauben, bis Jahresende.' Und dann haben wir im Oktober telefoniert und ich habe gefragt: ‚Wie läuft es denn so?' Da sagte er: ‚Phantastisch. Ich bin schon bei 960.000 Euro. Das Weihnachtsgeschäft ist bei uns ganz großartig, das bringt so 25-30% des Jahresgewinnes. Also ich werde die-ses Jahr weit über die Million kommen.' Und dann haben wir am Jahresende gesprochen und da sagte er: ‚Es ist unglücklich gelaufen. Es kamen Stornos, und dann ging es ein bisschen Rauf und Runter, Hin und Her ...' – Kurz um, er hat die Million erreicht und nicht mehr.

Diese innere Dimension kann das Leben nicht überschreiten, aber Sie können sie ändern. Ändern können Sie sie erst, wenn Sie sich dieser Dimension bewusst sind. Und deswegen meine Frage noch einmal: Was sagt Ihre innere Dimension zu diesem kurzen Termin, Weihnachten? Wie viel Geld werden Sie bis dahin bekommen haben? Zur Verfügung haben?

Und da werden viele automatisch denken: Na ja gut, in der kurzen Zeit, das kann ja nicht mehr viel sein. Und dann werden Sie genau diese Erfahrung machen. Aber prüfen Sie mal, die mehr glauben können. Sie haben ja dann den Erfolgsbericht in 14 Tagen. Nehmen Sie mal den größtmöglichen Betrag, den Sie glauben können, bis Weihnachten noch einzunehmen.

Jetzt gehen Sie die zwei Schritte der Verursachung. Stellen Sie sich vor, wie viel das ist. Und der zweite Schritt ist, nehmen Sie es in Besitz, d. h. erleben Sie sich, wie Sie es haben.

Gibt es dabei irgendwelche Schwierigkeiten, bei diesen beiden Schritten? Wahrscheinlich werden viele dabei Schwierigkeiten haben, wenn Sie sagen: Ja, gut. Noch 10.000 € bis Weihnachten. Und vielleicht sind auch einige unter uns, die sagen: Nur 10.000 € bis Weihnachten? Da hoffe ich doch auf ein bisschen mehr!

Das heißt also, diese innere Dimension ist relativ. Es gibt große Unterschiede, aber Sie können es ändern. Gehen Sie einmal an den größtmöglichen Betrag heran, den Sie glauben können, und verursachen Sie ihn jetzt, indem Sie diese zwei Schritte vollziehen. Indem Sie sich den Betrag vorstellen und ihn in Besitz nehmen, indem Sie ihn in Empfang nehmen, indem Sie ihn haben, indem Sie Ihr Bankkonto anschauen, indem Sie erleben, dass Sie es haben. Und denken Sie daran: Ohne diesen zweiten Schritt zu vollziehen, kann es nichts werden.

Bittet, um was Ihr wollt. Glaubt nur, dass Ihr erhalten habt, und es wird euch gegeben werden. Ich würde sogar heute übersetzen: Und es muss euch gegeben werden! Denn das Leben kann Ihnen das nicht versagen. Das können nur Sie.

Wenn Sie es also glauben können, wenn Sie es in Besitz nehmen können, und es fühlt sich für Sie natürlich an, es stimmt für Sie, dann haben Sie es in 14 Tagen. Dann freuen Sie sich, dann hat sich der Besuch hier gleich vielfach bezahlt gemacht.

Das heißt also, noch einmal: Jeder bekommt vom Leben das, was er verursacht – nicht mehr, nicht weniger und nichts anderes. Sobald Ursache und Absicht übereinstimmen, muss der erwünschte Erfolg eintreten.

Also, stellen Sie sich einmal vor, was Sie beabsichtigen, in irgendeinem Aspekt. Machen wir es noch einmal, dass wir das wirklich in Übereinstimmung bekommen, denn so entsteht Erfolg. Nicht, indem Sie Außen hart arbeiten. Das kann zeitweise ganz hilfreich sein, aber das ist nicht die Lösung, um zu Erfolg zu kommen.

Erfolg entsteht in Ihrem Bewusstsein. Also, stellen Sie sich in irgendeinem Aspekt Ihres Lebens einmal vor, wo Sie was optimieren wollen. Und für viele ist es leichter, negativ zu denken, weil sie da die größere Übung haben, indem Sie sich vorstellen, wo stimmt es denn in meinem Leben nicht? Welcher Aspekt ist nicht optimal? Und dann gehen Sie den zweiten Schritt: Wie hätte ich es denn gerne? Wie wäre dieser Aspekt optimal?

Das ist die Grundvoraussetzung zum Erfolg: Ich muss ihn erst einmal in meiner Vorstellung schaffen. Also, das ist der Mangel, den ich nicht gerne hätte, der unerwünschte

Zustand. Jetzt arbeite ich in meiner Imagination, in meiner Vorstellung, aus: Wie hätte ich es gerne? So, da kann ich es noch verändern. Hätte ich es gerne so? So viel? So groß? So lang? Bis die Zukunft stimmt. Machen Sie es gleich!

Und im nächsten Schritt nehmen Sie das in Besitz, erleben Sie sich in der erfüllenden Situation. Sie haben gerade das erreicht, Sie haben es bekommen. Erleben Sie sich am Ziel, jetzt, hier. Und erleben Sie vielleicht zwei, drei Aspekte dieses Erfolges. Zwei, drei unterschiedliche Situationen, in denen dieser Erfolg zum Ausdruck kommt. Vielleicht eins, wie Sie Ihr Bankkonto anschauen, ein anderes, wie Sie es Ihren Freunden erzählen, die dann fragen: Wie hast du das geschafft? Verschiedene Situationen, und nehmen es so in Besitz.

Und das letzte Geheimnis der Verursachung ist, fühlen Sie Dankbarkeit, das bekommen zu haben, was Sie erst noch gerne hätten. Aber Sie haben es ja jetzt, in der Vorstellung, bekommen. Und in dieser Vorstellung bitte Dankbarkeit fühlen, nicht denken.

Viele Menschen denken ihre Gefühle nur noch. Sie sagen: ‚Oh, da bin ich aber froh' – aber an ihrem Gesicht sieht man, die sind ja gar nicht froh. Die sagen das nur. Sie denken Freude, und das hilft nicht. Es funktioniert nur, wenn Sie es fühlen. Also, sehen Sie es vor sich, nehmen Sie es in Besitz, und fühlen Sie Freude und Dankbarkeit, das bekommen zu haben.

Und dann können Sie die Hände in den Schoss legen und es dem Leben überlassen, wie es das hervorbringt. Denn dann haben Sie gesät. So wie der Bauer. Wenn der seine Felder bestellt hat, dann ist nichts anders, als vorher. Das eine Feld sieht genau so aus, wie das andere, aber er weiß, da ist gesät, das wächst. Und jetzt braucht er nichts mehr tun. Es sei denn, er fährt mit dem Traktor über das Feld und guckt, ob was gewachsen ist, dann wächst nichts mehr.

Das meine ich, wenn Sie sagen: ‚Hoffentlich wird das was'. Dann haben Sie wieder abbestellt. Sollte das aber mal passieren, dass Sie aus versehen wieder abbestellen, das ist nicht schlimm. Sie können ja alles sofort wieder ändern, nur Sie müssen es dann wieder ändern, sonst passiert nichts mehr. Dann müssen Sie wieder neu bestellen. Also, wenn der Bauer mit dem Traktor drüber gefahren ist, dann muss er wieder neu säen, denn das Alte hat er ja zerstört. Das ist ganz einfach. Es funktioniert absolut zuverlässig. Man muss es nur tun.

Und auf diesem Weg sind Fehler hilfreicher als Erfolge. Denn ein Fehler zeigt zuverlässig, was fehlt. Und jeder Fehler ist immer nur eine Chance, es beim nächsten Mal besser zu machen. Und wann immer Sie einmal vor einer schwierigen Situation im Leben stehen, machen Sie sich bewusst, für das Leben gibt es keine schwierige Situation.

Wenn der Bauer sagt, ja, ich möchte aber 100 Tonnen Weizen ernten, oder 1000 Tonnen, dann muss er die entsprechenden Ursachen setzen. Das ist dem Acker völlig egal. Das heißt, uns kann der Wunsch zu groß erscheinen, dem Leben ist er nie zu groß. Für das Leben ist es völlig identisch, ob Sie einen bordeauxroten Rolls-Royce haben wollen mit goldenen Griffen, oder ein Gänseblümchen. Der Aufwand ist der gleiche. Sie müssen es verursachen. Nur, das Gänseblümchen können Sie leichter glauben. Den bordeauxroten Rolls-Royce glauben Sie sich vielleicht nicht, damit verhindern Sie ihn. Aber, wenn Sie es denken und glauben können, können Sie es auch erreichen.

Und noch einmal: Ihre Situation bisher kann noch so aussichtslos, noch so verfahren, noch so schwierig sein. Das ist ja ohne Bedeutung. Sie gehen ja gerade in eine

Neue. Das heißt: Sie erschaffen sich ja gerade eine neue Situation.

Das Problem ist, dass die meisten nur wissen, was Sie nicht wollen, aber nicht wissen, was Sie wollen. Wir müssen also Zielklarheit schaffen, denn, wer ein klares Ziel hat, hat bereits den halben Weg zurückgelegt. Aus klaren Zielen ergeben sich klare Entscheidungen, ergeben sich Prioritäten. Und vor allen Dingen: Wenn Sie ein klares Ziel haben, können Sie mit einem Minimum an Aufwand ein Maximum an Ergebnis erzielen. Ob ein Ziel erreicht wird oder nicht, entscheidet, ob es zuvor geistig geschaffen und in Besitz genommen wurde. Und ganz gleich, welches Ziel ich habe, ich sollte schon wirklich wollen.

Die meisten Menschen möchten nur gerne. ‚Oh, das wäre schön! Das hätte ich gerne! Das würde ich mir wünschen!' Sie haben es sich gewünscht, Sie haben es nicht verursacht. Sie würden, aber unter welchen Umständen? Sie sprechen immer in der Möglichkeitsform. Möglich ist ja sowieso alles. Davon kommt nichts. Wenn der Bauer sagt: ‚Oh, ich würde gerne Weizen säen', oder: ‚Ich würde gerne 1000 Tonnen Ertrag haben', passiert nichts. Und wenn Sie das hoffen, wünschen, gerne hätten, passiert auch nichts. Sie müssen es erschaffen und in Besitz nehmen.

Aber das Wort „unmöglich", das können Sie aus Ihrem Sprachschatz streichen. Machen Sie sich allerdings auch bewusst: Jeder einzelne Gedanke ist eine Ursache. Negative Gedanken können natürlich nur negative Folgen nach sich ziehen. Ganz gleich, was in Ihrem Leben bisher passiert ist, Sie sehen daran nur, wie Sie zuvor gedacht haben. Und das ist das Schöne: Sie können es in jedem Augenblick ändern!

Und das wäre jetzt ein guter Augenblick, das zu ändern. Fangen Sie einmal an, positiv zu denken. Machen wir mal einen einfachen, praktischen Schritt. Seien Sie einmal sympathisch. Nein, ich meine, viel sympathischer noch. Strengen Sie sich mal ein bisschen an, gehen Sie einmal in die Energie. Stellen Sie es sich geistig vor und nehmen Sie es in Besitz. Gehen Sie einmal in die Schwingung, in die Energie: ‚Ich bin ein unglaublich sympathischer Mensch. Mich mag man einfach.'

Gehen Sie einmal in diese Schwingung. Und im gleichen Augenblick, wo Sie das von sich glauben, ist es Wirklichkeit. Das meine ich, mit „sympathisch werden". Sie können hier beschließen, absichtlich sympathisch zu werden und zu bleiben, natürlich. Es nützt ja nichts, wenn Sie mal zwei Minuten sympathisch sind. Bleiben Sie einfach sympathisch, weil: Sympathischen Menschen hilft man viel lieber! Mit denen ist man gerne zusammen, mit denen arbeitet man gerne zusammen. Die unterstützt man, wo man kann.

Halten wir also fest: Sie können das Drehbuch Ihres Lebens jederzeit ändern. Und in diesem Zusammenhang noch einmal ein Tipp: Hören Sie auf, Ihre Vergangenheit aufzuarbeiten! Da gibt es so Therapien, wo man das macht. Da geht man jahrelang hin und arbeitet seine Vergangenheit auf. Die liegt doch hinter Ihnen. Lassen Sie sie doch da liegen, wo sie liegt. Sie begegnet Ihnen nie wieder im Leben. Wenn Sie nach vorne schauen, ist die gesamte Vergangenheit, alles, was bisher war, hinter Ihnen!

Ich lebe ohne jede Vergangenheit. Alles, was länger als drei Minuten her ist, interessiert mich nicht. Das wird mir sowieso nie wieder begegnen. Aber ich weiß, die Zukunft gehört mir. Da kann ich tun und lassen, was ich will. Ich bin Herr der Zukunft.

Also, hören Sie auf, Ihre Vergangenheit aufzuarbeiten, lassen Sie sie einfach nur vorbei sein. Und wenn das so ist, dann machen Sie sich bewusst: Sie können aus allem einen Erfolg machen und jedes Spiel gewinnen. Aus allem! Das heißt, Sie nehmen eine Situation, die mag noch so schwierig erscheinen, und Sie verändern sie in das, was Sie gerne hätten.

Stellen Sie sich vor, diese Situation ist Energie, die wird wieder geändert, und aus dieser Energie machen Sie eine neue Situation, die Sie gerne hätten. Das können Sie! *Durch Identifikation wird eine Möglichkeit der Zukunft zur Realität der Gegenwart.* Lassen Sie sich diesen Satz einmal im Bewusstsein zergehen. Was das bedeutet: Durch Identifikation wird jede Möglichkeit der Zukunft zur Realität der Gegenwart. Sie können also jede beliebige Situation, die Sie wünschen, jeden erwünschten Zustand, durch Identifikation in Besitz nehmen und das Leben muss ihn hervorbringen.

Wahrer Erfolg ist auch, sich selbst neu erfinden. Viele Menschen versuchen, sich zu verstehen, sich zu erkennen, an sich zu arbeiten, sich zu bemühen. Vergessen Sie das alles. Erfinden Sie sich einfach neu. Seien Sie so, wie Sie gerne wären. Und es beginnt, genau so, wie man Erfolg verursacht. Schaffen Sie zunächst einmal eine Vorstellung von sich, wie Sie gerne sein möchten. Nehmen Sie es geistig in Besitz, indem Sie sich immer wieder so erleben, und dann seien Sie außen so – das ist alles! Mehr ist nicht zu tun.

Und noch etwas: Versuchen Sie nicht wieder zu siegen. Wir sind leider, durch unsere Gesellschaft, zu Siegern und Verlierern erzogen worden. Das heißt, wir haben Konkurrenz, wir kämpfen immer gegen irgendwas, das ist schon bei der olympischen Idee, die immer so hoch gehalten wird, genau so. Einer kann siegen, und die anderen werden dadurch automatisch Verlierer.

Ich habe einmal meine Lektion, vor 20 Jahren, in Kyoto

Sie sind ein Gewinner!

Bei Ihrer Zeugung gingen 300 Millionen Samenzellen an den Start. Jeder wollte der Erste sein – aber Sie haben gewonnen. Sie haben das erste und entscheidende Rennen in Ihrem Leben gewonnen, sonst wären Sie nicht hier!

Sie sind offensichtlich etwas ganz Besonderes und einzigartig. Nie wieder im Leben werden Sie gegen eine solche Konkurrenz antreten. Wenn Sie das geschafft haben – und Sie HABEN es geschafft – dann ist alles, was danach kommt, für Sie ein Kinderspiel.

Machen Sie sich bewusst, auch in Ihrem Leben können Sie nur gewinnen!

Erfolgsrezept:

Jeder Brief, jedes Telefonat, sogar jede Werbung
ist eine Botschaft des Lebens an Sie,
um Sie noch erfolgreicher,
wohlhabender und glücklicher zu machen!

Was ist die Botschaft dieses Gesprächs, Briefes, Telefonats usw.?

Das Leben ist ein ständiger Lernprozess, der niemals aufhört – und nur wer dieses erkennt, wird Erfüllung finden können. Der Sinn des Lebens ist die Evolution. Für uns bedeutet das, unser Bewusstsein zu entwickeln, die enormen Möglichkeiten, die in uns angelegt sind, zu entdecken und sinnvoll mit Freude zu nutzen!

Jeder bekommt das, was er verursacht –
aber nur der Erfolgreiche gibt es auch zu!

gelernt, in Japan. Da kam ich aus meinem Hotel und ein paar Häuser weiter war ein japanischer Kindergarten, und die hatten anscheinend gerade Sport. Da schaute ich mir diese japanischen Kinder an, die alle so aussahen, wie aus der Presse, alle gleich, gleiche Gesichter, gleiche Frisuren. Ich konnte da keinen Unterschied erkennen, und die waren dann so in Dreierreihen und der Lehrer, oder Erzieher, stand daneben und sagte was auf Japanisch. Die sprechen ja immer so energisch! Und dann rannte die erste Reihe los, ich verstand das ja nicht. Nach einer Weile sagte der wieder was, und dann rannte die nächste Reihe. Und ich versuchte zu verstehen, wer misst denn jetzt die Zeit? Dann habe ich meinen Dolmetscher gefragt, wie die denn feststellen, wer gewonnen hat? Und dann hat der mich mit einem Wort verblüfft, er fragte: Wozu?

Da habe ich gemerkt, die stellen das überhaupt nicht fest, und dann habe ich mir das erklären lassen. Die Kinder rennen nicht gegeneinander und stellen fest, wer heute gewinnt. Sie versuchen, heute besser zu sein, als gestern. Sie konkurrieren nur mit sich. Sie werden gar nicht erst erzogen, den anderen als Konkurrenten zu sehen. Das ist ja unglaublich! Warum ist das nicht bekannt? In dieser Haltung sollten wir durch das Leben gehen. Mit sich selbst zu konkurrieren! Und damals habe ich erkannt: Siegen heißt Verlieren. Denn ein Sieger siegt so lange, bis er zum Verlierer geworden ist. Und daraus habe ich gelernt, aus diesem Kindergartenerlebnis, für meine Unternehmensberatung, eine Lösung ist nur, wenn alle Beteiligten dabei gewinnen. Es darf keinen Sieger geben, sonst gibt es auch Verlierer. Und dann ist es keine optimale Lösung.

Mein Konzept war immer, als Unternehmensberater diesen dritten Weg zu finden, unter welchen Umständen alle Beteiligten gewinnen würden. Und dann war es natürlich nicht schwer, die einzelnen Parteien zu überzeugen, weil, sie hatten ja Vorteile davon. Also versuchen Sie, wenn Sie erfolgreich sein wollen, nicht mehr zu siegen. Fangen Sie an, zu gewinnen. Und sorgen Sie dafür, dass Ihre Umgebung mit Ihnen gewinnt.

Zum Erfolg gehört allerdings gelegentlich auch etwas Mut. Wer ein Omelett machen will, muss den Mut haben, Eier zu zerschlagen, sonst kommt er nicht zum Omelett. Also, schauen Sie gleich einmal praktisch wieder auf eine Situation Ihres Lebens. Wo ist etwas nicht so gut, wie es sein könnte oder sollte? Und wo fehlte Ihnen der Mut, einen schmerzhaften, notwendigen, schwierigen Schritt zu tun? Und tun Sie ihn jetzt. Sagen Sie: ‚Okay, ich führe dieses Gespräch, ich führe diese Trennung herbei, ich löse das.'

Machen Sie sich bewusst: Es gibt keine Probleme. Es gibt nur Aufgaben. Und jede Aufgabe hat eine Lösung. Wir haben gesagt, das Leben reagiert nur auf Ihre Anweisungen. Das heißt, alle Situationen, alle Begegnungen, alle Umstände, Ihr ganzes Schicksal, der Zufall, Ihr Geld, alles folgt Ihren Anweisungen. Das Leben kann nur das hervorbringen, was Sie verursachen. Wenn der Bauer auf seinem Acker nichts sät, dann kann er 10 Jahre daneben sitzen und warten. Da wird Unkraut wachsen, aber keine Ernte. Das ganze Leben wartet also auf Ihre Anweisung. Also, geben Sie ihm doch eine, jetzt, hier, immer gleich.

Was hätte ich gerne? Ich gebe jetzt meinem Leben, meiner Zukunft, eine Anweisung. Und immer in diesen Schritten. Wenn es sein muss, in einem allerersten Schritt, negativ: Wo stimmt es nicht? Was gefällt mir noch nicht? Und davon ausgehen, wie hätte ich diese Situation denn gerne, und sie mir vorstellen und verändern, in der Vorstellung, bis sie mir gefällt. Dann hinein gehen, in Besitz nehmen, mich erleben, in der Situation und mich erfüllen, mit einem Gefühl der Freude und Dankbarkeit. Schön! Das ist auch geschafft. Jesus hätte gesagt, es ist vollbracht.

Machen Sie sich allerdings auch bewusst: Der Gedanke an Mangel, an Begrenzung, ist auch eine Anweisung an das Leben. Jeder Gedanke, mag er noch so nebensächlich sein, kehrt zu Ihnen zurück als Ereignis. Und prüfen Sie einmal negative Glaubenssätze, wie ich eben zum Beispiel sagte: Man kann vom Leben nun mal nicht alles haben. Machen wir das gerade mal praktisch. Minderwertigkeitsgefühle, prüfen Sie mal, ob Sie so was haben. Ein Minderwertigkeitsgefühl ist es schon, zu glauben, dass Sie nicht alles vom Leben haben können. Dass es irgendeinen Mangel gibt, den man akzeptieren müsste, irgendeine Begrenzung, dass Sie irgendwas nicht könnten, nicht dürften, nicht sollten. Lassen Sie das los!

Oder Ärger! Ist irgendjemand unter uns, der sich gelegentlich noch ärgert? Es scheinen also noch mehrere dabei zu sein. Das, zum Beispiel, sollten Sie loslassen. Das kann man loslassen. Machen wir es doch gleich praktisch. Stellen Sie sich einmal irgendeine ärgerliche Situation vor. Sie brauchen Sie ja niemandem zu erzählen. Stellen Sie sich wirklich deutlich diese Situation vor, die Sie ärgert. Bei manchen Menschen ist das z. B. auf der Autobahn, wenn andere rücksichtslose Fahrer so gefährlich dicht vor uns her fahren. Aber es ist ganz egal, worüber Sie sich ärgern könnten.

Stellen Sie sich einmal eine ärgerliche Situation aus Ihrem Leben vor. Und jetzt stellen Sie sich einmal vor, nicht nur daran denken, wirklich vorstellen, also sehen, dass würde gerade passieren. Das heißt also, Sie versetzen sich in diese Situation, und jetzt erleben Sie einmal, wie Sie diese ärgerliche Situation ganz souverän erleben. Wie Sie da ganz entspannt durchgehen und sich so verhalten, wie man damit umgehen sollte.

Ich sage immer das gleiche Beispiel, weil es so aus dem Leben gegriffen ist. Für die, die es nicht kennen, und die anderen erinnere ich noch mal, sage ich es also noch mal: Stellen Sie sich vor, es ist Wochenende, wie jetzt, es ist schönes Wetter, wie jetzt, Sie fahren mit dem Auto, Sie fahren auf der Hauptstraße, Sie fahren rechts, Sie fahren 50, Sie sind gut gelaunt, Ihr Leben ist vollkommen in Ordnung. Und dann kommt einer von links, guckt nicht und nimmt Ihnen einfach die Vorfahrt. Und mit einer Notbremsung können Sie gerade noch, Sie rutschen ein bisschen quer, den Unfall vermeiden. Um Haaresbreite ging das gut, und der andere fährt weiter und kümmert sich gar nicht darum. Und Sie rufen ihm irgendwas nach, vermutlich „Gott segne Dich" oder so …

Vielleicht formulieren Sie das etwas anders. Gerade in Bayern gibt es da spezielle Formulierungen für solche Situationen. Und natürlich ärgern Sie sich. Und jetzt drehen wir den Film einmal zurück und revidieren das einmal. Also, es ist noch nichts passiert, wieder sind Sie auf der Hauptstraße, die Sonne scheint, Sie fahren rechts, 50, gut gelaunt, wieder kommt der, die Situation können Sie nicht ändern, wieder die Notbremsung, wieder fährt der weiter … Und jetzt klopfen Sie sich auf die Schulter und sagen: Donnerwetter, damit konnte ich doch jetzt nicht rechnen. Und trotzdem habe ich schnell und richtig reagiert, habe einen Unfall vermieden, für uns beide. Ärger mit der Versicherung, Werkstatt, Wertminderung am Auto, vielleicht sogar Krankheit, Verdienstausfall, das alles habe ich verhindert, weil ich schnell und richtig reagiert habe. Und Sie freuen sich noch eine Stunde, oder zwei, über Ihre schnelle, richtige Reaktion. Das ist die gleiche

Situation. Es ist nur ein optimalerer Umgang damit. Und das können wir ändern.

Und jetzt das Geheimnis des Erfolges: Wann immer Sie eine ärgerliche Situation haben, und es fällt Ihnen auf, dass Sie sich gerade geärgert haben, halten Sie kurz inne. Erleben Sie die gleiche Situation noch einmal, so, wie Sie sich gerne verhalten hätten, in der Situation. Denn Ihr Unterbewusstsein kann nicht unterscheiden, ob Sie sich jetzt was vorstellen oder tatsächlich erleben. Wenn Sie also 20, 30 Mal einen Ärger umerlebt haben, dann bekommt Ihr Unterbewusstsein ein neues Verhaltensmuster. Und dann kommt wieder einmal eine ärgerliche Situation, und Sie warten darauf, dass der Ärger hochkommt, aber da kommt nichts mehr. Sie haben sich umprogrammiert, Sie haben Ihr Verhalten geändert und der Ärger ist vorbei.

Ich habe mich das letzte Mal am 23. Dezember 1979 geärgert. Und ich werde das sicherlich nie wieder tun, warum sollte ich auch? Ich weiß, ärgern ist nur eine sehr schädliche Angewohnheit, mehr nicht. Wir können sie jederzeit ändern. Und das gehört für mich auch zum Erfolg, sich nie mehr zu ärgern. Denn, eine Situation kann ja noch so ärgerlich sein, wenn ich bewusster Schöpfer bin und weiß, ich kann sie ja ändern, dann ist es ja unwichtig, wie sie gelaufen ist. Ich brauche mich ja nicht ärgern, ich kann die Kraft und die Zeit nutzen, um sie zu ändern. Und dann ist sie ja so, wie ich sie gerne hätte. Dann habe ich keinen Grund mehr, mich zu ärgern.

Oder: Kleinigkeiten können große Wirkungen haben. Zum Beispiel haben sich zu diesem Seminar ca. 50 Leute mehr angemeldet, die sich in den letzten Tagen mit großem Bedauern abgemeldet haben, wegen Erkältung, Grippe. Machen wir uns einfach mal bewusst, ob das sein muss. Schauen wir einmal, oder erkennen wir einmal, dass Gesundheit ein viel zu wenig beachteter Erfolgsfaktor ist.

Ich habe in meiner Tätigkeit als Unternehmensberater immer wieder genau dieses Problem erlebt. Jemand hatte eine große Firma aufgebaut, erfolgreich, und dann, auf einmal, war er krank. Das heißt: Er hatte auf dem Weg zum Erfolg seine Gesundheit ruiniert. Und jetzt machte ihm der Erfolg keinen Spaß mehr, der Schwung war weg, er konnte das nicht mehr halten. Natürlich hatte er viele Erklärungen, wie: die Konkurrenzsituation ist erdrückend geworden, die Unstände sind schwieriger, trotz Arbeitslosigkeit findet man keine geeigneten Mitarbeiter, und, und, und. In Wirklichkeit war nur eins: der alte Schwung war weg.

Viele Menschen ruinieren nämlich auf dem Weg zu Erfolg in der ersten Hälfte ihre Gesundheit, um zu Geld zu kommen, und in der zweiten Hälfte geben Sie dann das Geld wieder aus, um wieder gesund zu werden. Meistens auch noch vergeblich! Und deswegen sollten wir uns bewusst machen, dass Gesundheit ein unverzichtbarer Erfolgsfaktor ist.

Und so wie der Erfolg gehorcht auch die Gesundheit ganz klaren Gesetzmäßigkeiten. Wenn ich die missachte, dann werde ich zuverlässig krank. Aber: Genau so zuverlässig kann ich wieder gesund werden und gesund bleiben, wenn ich für meinen Körper optimale Bedingungen schaffe. Wie einfach das geht, wie Kleinigkeiten das ändern können …

Nehmen wir nur das Beispiel „Erkältungskrankheiten". Ich habe schon, ich kann mich nicht mehr erinnern wie viele, Jahre keine Erkältung mehr. Vermutlich werde ich nie wieder eine bekommen. Dabei habe ich ein Leben lang mit Erkältungen gelebt. Ich dachte, es sei ein Naturgesetz, dass man im Winter eben zwei, drei Mal eine Erkältung bekommt. Und für mich war Erkältung immer was unglaublich Belastendes, weil ich dann nicht klar denken kann, nicht richtig bei Bewusstsein bin. Das habe ich sehr schmerzhaft vermisst.

Ich habe früher immer gesagt: Warum kann ich mir nicht, wie andere Leute, ein Bein brechen oder was anderes haben, warum muss ich einen Schnupfen kriegen? Ich habe mir nie ein Bein gebrochen, aber ich habe sehr oft Schnupfen bekommen. Und irgendwann habe ich etwas getan, was Sie auch leicht tun können, was ich seit der Zeit regelmäßig tue, und dann ist es mir erst später aufgefallen. Und seit der Zeit sind viele Jahre vergangen, ich weiß nicht mehr, wie viele, und ich habe nie wieder eine Erkältung gehabt.

Was habe ich gemacht? Ich habe etwas einfaches gemacht, ich habe Vitamin C genommen. Ich meine nicht diese Spielerei, die wir hier normalerweise einnehmen, sondern Vitamin C in Megadosen. Ich hatte nämlich von dem zweifachen Nobelpreisträger Linus Pauling gehört, der speziell das Lebenswerk hatte, die Wirkung von Vitamin C zu erforschen. Und der hat festgestellt, dass der Mensch fast das einzige Säugetier ist, dass Vitamin C nicht mehr selbst im Körper produzieren kann.

Also, der Mensch und das Meerschweinchen sind die beiden einzigen, die, durch einen genetischen Effekt, diese Fähigkeit verloren haben. Alle anderen Säugetiere produzieren laufend Megadosen Vitamin C in der Leber. Wir brauchen es aber. Sobald Sie also wieder genügende Mengen Vitamin C einnehmen, verschwinden Erkältungskrankheiten. Aber das ist nicht das Wichtigste, obwohl das schon sehr wichtig sein kann.

Stellen Sie sich vor, alleine durch eine Erkältung haben 50 Leute, die heute hier sein wollten, um mit ihrem persönlichen Erfolg zu beginnen, diese Chance vertan, weil sie erkältet waren. Das muss nicht sein. Aber, diese Megadosen Vitamin C bringen sehr viel mehr, als nur keine Erkältung. Linus Pauling hat nämlich auch festgestellt, dass Herzinfarkt, Arteriosklerose, Apoplexie, also Gehirnschlag, keine Krankheiten sind. Es sind Folgen, vermeidbare Folgen, von Vitamin C-Mangel. Er hat nachgewiesen, dass, wenn wir regelmäßig diese Megadosen Vitamin C nehmen, dass diese Krankheiten verschwinden. Und er ist der Überzeugung, dass die nächste Generation diese Krankheiten überhaupt nicht mehr kennt, weil die nicht sein müssen.

Es passiert nämlich folgendes: Vitamin C ist wie der Zement für die Aderwände. Wenn Sie unter Vitamin C-Mangel leiden, und wir alle leiden darunter, wenn wir nicht zusätzlich größere Dosen zu uns nehmen, dann werden die Adern brüchig, weil sie diesen Stoff nicht haben. Und bevor wir jetzt innerlich verbluten, macht der Körper etwas sehr sinnvolles. Er nimmt einen körpereigenen Baustoff und kleidet die Adern von innen aus. Sie kennen diesen Baustoff alle: Cholesterin. Damit werden die Adern wieder nicht durchlässig gemacht, aber das hat einen Nachteil. Der Aderquerschnitt verringert sich, und der Körper muss jetzt den Blutdruck erhöhen, um durch diesen verringerten Aderquerschnitt die Versorgung des Körpers sicherzustellen. Dieser erhöhte Blutdruck aber gefährdet wieder die Aderwände, also muss der Körper wieder mehr Cholesterin einlagern. Das aber lässt den Aderquerschnitt noch enger werden, und irgendwann zu eng, und es kommt zu einem Herzinfarkt.

Warum gerade Herzinfarkt, warum bekommen wir keinen Naseninfarkt oder einen Ohrinfarkt? Ganz einfach, weil die Adern im Herzen am stärksten belastet sind. Dort wirkt es sich am ehesten aus, weil sie immer gefüllt, geleert, gefüllt, geleert werden, und deswegen kommt es zum Herzinfarkt.

Und jetzt hat er nachgewiesen: Wenn wir regelmäßig genügend Vitamin C einnehmen, und die Adern sind wieder elastisch, und der Mensch ist so jung, wie seine Gefäße, dann baut der Körper von selbst das Cholesterin wieder ab, die Adern werden wieder frei und der Blutdruck sinkt, wir sind wieder gesund. Dieser Vorgang ist reversibel.

Sie könnten damit beginnen, genau das zu tun. Es ist einem Forscher gelungen, einen Vitachip zu konstruieren, zu schaffen, aufzuladen mit einer Energie. Denn diese Gemeinschaft der Hundertjährigen, der Langlebigen, die haben noch eins. Sie leben in einer beneidenswerten Harmonie. Es gibt keinen Ärger, es gibt keinen Streit, es gibt keinen Stress. Sie sind einfach in einer heiteren Gelassenheit. Und wir könnten dies dringend brauchen. Und nun ist es einem Forscher gelungen, in einem Vitachip diese Energien, die der Körper braucht, abrufbar zu machen. Das heißt, Sie brauchen sich das nur umhängen und Ihr Körper entnimmt dem diese Energien. Und Sie fühlen sich schon nach ganz kurzer Zeit immer näher zu dieser heiteren Gelassenheit. Man kann also heute heitere Gelassenheit lernen, indem man sich den Ärger abgewöhnt, indem man Stress vermeidet oder indem sich man heitere Gelassenheit umhängt, möchte ich mal unwissenschaftlich sagen. Auch darüber bekommen Sie Informationen draußen.

Wichtig ist nur eins: Erkennen Sie, dass Sie jeden beliebigen Erfolg im Leben verursachen können. Und Gesundheit ist ein wichtiger, ich glaube sogar ein unverzichtbarer, Erfolgsfaktor. Denn ohne Gesundheit macht der Rest keinen Spaß mehr. Und egal wie krank Sie derzeit sind: Das ist änderbar! Beginnen Sie heute, jetzt, hier, gesund zu werden, indem Sie Ihrem Körper die Bedingungen geben, die er braucht, um gesund zu sein.

Ich würde so gerne erreichen, dass Sie optimalen Erfolg

Überzeugung als Ursache

Oft lassen wir uns von Tatsachen beeindrucken und sagen noch: „Das sind ja schließlich Tatsachen", und das sind sie auch – nicht mehr! Sachen, die einmal so getan worden sind und die jederzeit anders getan werden können. Denn Realität ist jederzeit bereit, jede beliebige Form anzunehmen, wenn eine andere Ursache gesetzt wird. Deswegen sollten wir uns von Realität und Tatsachen nicht mehr beeindrucken lassen. Die wichtigste und wirksamste Ursache ist unsere Überzeugung!

Überall im Universum ist Fülle. Sie ist ein wichtiger Teil unseres wahren Wesens. Wenn Sie in einem Bereich unseres Lebens teilweise nicht, oder nicht umfassend, in Erscheinung tritt, muss es dort Kernglaubenssätze geben, die das verhindern.

Der erste Schritt zur wirksamen Erfolgsformel sollte daher sein, sich diese innere Misserfolgsformel einmal bewusst zu machen, und sie dann in eine wirksame Erfolgsformel umzuformen.

So sollten alle Misserfolgsformeln und Kernglaubenssätze des Mangels aufgelöst sein – und zwar in allen Lebensbereichen. Gleichzeitig liefern diese die Stichworte für die innere Erfolgsformel, denn sie weisen auf bisherige Schwachstellen hin.

Prüfen Sie daher sehr genau, welche Überzeugungen (Glaubenssätze) in Ihnen wirken. Überzeugungen wie zum Beispiel: „Man kann nicht alles haben", „Seinem Schicksal kann man nicht entrinnen", „Ich werde vom Pech verfolgt", „Glück ist eben Glücksache", „Mit dem

Alter kommen auch die Beschwerden", „Man hat mir nie eine Chance gegeben", „Früher war alles besser / einfacher", „In der heutigen Zeit ist es viel schwerer", „Der Preiskampf treibt mein Geschäft in den Ruin", „Die Konkurrenz ist zu groß", „Ich kann mir das niemals leisten", usw.! Genau diese Überzeugungen setzen sich als Ursache in Ihrem Leben durch. Das einzige Gute daran ist – Sie haben wieder einmal Recht!

Manchmal müssen wir einsehen, dass unter den gegebenen Umständen eine Lösung eines Problems nicht möglich ist. Fragen wir uns dann doch einmal, unter welchen Umständen denn eine Lösung möglich wäre, und schaffen wir diese Umstände.

„Die meisten Schatten im Leben kommen daher,

dass wir uns selbst in der Sonne stehen!"

haben, aber das Bewusstsein ist noch nicht das, eines Erfolgreichen. Bei einigen schon, aber bei zu wenig. Warum ist das so? Erfolg mit Disziplinlosigkeit, mit Unpünktlichkeit, mit Unkonzentriertheit, ist nicht zu vereinbaren. Das können Sie einfach nur vergessen. Also, wenn Sie es ernst meinen, wenn Sie es wirklich ernst meinen, dann sollten wir jetzt einmal anfangen, auch dieses entsprechende Bewusstsein in uns zu verwirklichen.

Denn wir haben drei wesentliche Voraussetzungen, für den Erfolg. Die Erste ist: Als wer gehe ich an den Start? Wenn Sie als der an den Start gehen, der Sie bisher waren, dann werden Sie das erreichen, was Sie bisher erreicht haben. Also, wenn Sie etwas ändern wollen, dann müsste sich jetzt etwas ändern.

Fangen wir doch einmal mit dem Bewusstsein an. Gehen Sie doch jetzt einmal in das Bewusstsein eines Gewinners. Das geht nicht mit rumgucken, und sich für was anderes interessieren. So funktioniert das nicht. Gut, bei den meisten sind die Voraussetzungen da, aber ich möchte es gerne für alle erreichen. Und das geht nur, wenn Sie wirklich wollen, nicht wenn Sie möchten, wenn Sie rumspielen. Wenn Sie es ernst meinen!

Nutzen Sie die Macht der unwiderruflichen Entscheidung. Sich nämlich wirklich für Erfolg zu entscheiden, für einen Lebenserfolg. Und dazu gehört nun mal als Voraussetzung das Bewusstsein. Das Bewusstsein können Sie leichter spüren, wenn Sie mal probieren, eine Minute bewegungslos zu sein. Probieren Sie es jetzt einmal aus. Eine Minute bewegungslos, wie Ihr eigenes Denkmal, zu sein. Das Einzige, was sich jetzt bewegen sollte, ist Ihr Atem. Und in dieser Bewegungslosigkeit spüren Sie einmal Ihr Bewusstsein.

Machen Sie sich Ihre Mitte bewusst, und ruhen Sie einmal

in Ihrer Mitte. Ruhen Sie in sich. Und während Sie so in Ihrer Mitte ruhen, machen Sie sich einmal bewusst: Was halten Sie von sich? Wie ist Ihr Selbstbild? Ihre Meinung von sich selbst? Identifizieren Sie sich bewusst mit dem Gewinner, der Sie sind.

Und dann nehmen Sie mal ein bestimmtes Vorhaben ins Bewusstsein, was Sie in diesem Leben erreichen möchten. Ganz gleich, was es ist. Nun prüfen Sie einmal Ihre Überzeugungen, zu diesem Vorhaben. Was glauben Sie: Wird es gelingen? Nicht: Was hätten Sie gerne, sondern: Wovon sind Sie überzeugt? Ändern Sie Ihre Überzeugung so, dass dieses Vorhaben auf jeden Fall gelingen muss.

Und als nächsten Schritt prüfen Sie einmal: Was ist Ihr Lebensziel? Wo wollen Sie am Ende Ihres Lebens stehen? Was wollen Sie erreicht haben? Führt der Weg, den Sie derzeit gehen, überhaupt zu diesem Ziel? Und wenn nicht, entscheiden Sie sich für den Weg oder das Ziel. Und bringen Sie einmal Weg und Ziel in Einklang. Indem Sie das tun, steht fest, dass Ihr Vorhaben erfolgreich sein muss.

Wenn Sie wollen, bewegen Sie sich wieder, aber spüren Sie einmal, wie gut es Ihnen tut, bewegungslos zu sein. Wie viel leichter es fällt, konzentriert zu sein, bewusst zu sein.

Und als nächsten Schritt sollten Sie sich mal Ihre Wunschbiografie bewusst machen. Stellen Sie sich vor, Sie sind 100 oder 120, sitzen in Ihrem Schaukelstuhl oder in Ihrem Lieblingssessel, blicken zurück auf Ihr Leben. Vielleicht will ein Verlag Ihre Biografie herausgeben: Was möchten Sie dann gerne schreiben können? Machen Sie sich jetzt einmal die wichtigsten Stationen der nächsten 50 Jahre bewusst. Was soll in dieser Zeit passieren? Dann werden Sie merken: Sie müssen nachdenken. Das heißt, Sie haben das bisher nicht geklärt.

Teilnehmer(in):   Indem ich wirklich bin und weiter so bleibe und vieles für andere Menschen auch machen könnte.

Kurt Tepperwein: Vieles für andere Menschen machen können. Das ist gut, dass wir gerade dieses Beispiel haben, denn genau so geht es nämlich nicht.

Jeder Satz, jeder Gedanke, der mit „ich möchte" anfängt, endet nicht mit Erfolg. Ich möchte ist ein Wunsch, und trennt mit von der Erfüllung. Das ist nicht Gewinnerbewusstsein. Das heißt also, ich habe diesen Wunsch noch nicht in Besitz genommen. Ich habe aus diesem Wunsch noch nicht eine Absicht gemacht, und aus dieser Absicht Gewissheit.

Und deswegen, wünschen Sie sich nicht, wie Ihr Leben weitergehen soll, sondern konkretisieren Sie Ihre Lebensabsicht. Eine Absicht ist etwas ganz anderes als ein Wunsch. Ein Wunsch ist etwas, was ich gerne hätte. Eine Absicht ist etwas, was ich tue, das geschieht.

Löschen Sie also jeden Wunsch aus Ihrem Leben, leben sie wunschlos, denn ein Schöpfer hat keine Wünsche, er kann sie sich ja verwirklichen. Er hat bestenfalls Absichten. Und dann geschieht es auch.

Vollziehen Sie also jetzt einmal die wichtigsten Stationen Ihrer Wunschbiografie, damit wir die verwirklichen. Und eines gehört dazu: der richtige Beruf. Das heißt: Beruf als Berufung. Ist Ihre derzeitige Tätigkeit so, dass Sie sich jetzt schon auf Montag früh freuen, um weitermachen zu können? Wenn ja, dann sind Sie mit großer Wahrscheinlichkeit in Ihrer Berufung. Wenn nein, sollten Sie das ändern. Und ändern heißt, in den nächsten Monaten.

Erfolgreich sein kann man nämlich nur dort, wo es Freude

macht. Wenn Sie einer Tätigkeit nachgehen um Geld zu verdienen, werden Sie dort wahrscheinlich keinen großen Erfolg haben.

Das heißt also, zu dieser Wunschbiografie gehört auch die Klarheit: Was würde ich am liebsten tun? Was wäre für mich eine erfüllende Tätigkeit? Machen Sie sich das einmal bewusst und machen Sie daraus Ihre Berufung. Und noch etwas: Sobald Sie beginnen zu arbeiten, hören Sie auf produktiv zu sein. Wenn Sie Ihre Tätigkeit Arbeit nennen können, machen Sie etwas falsch. Vielleicht sollten wir das präzisieren: Arbeit ist alles was ich tue, um zu .... – um Geld zu verdienen, um meine Familie zu ernähren, um meinen Lebensabend abzusichern …

Eine Berufung ist etwas ganz anderes als ein Beruf. Ein Beruf ist etwas, wovon man lebt. Eine Berufung ist das, wofür man lebt. Wenn Sie also in dieser Berufung sind, dann werden Sie wahrscheinlich sehr gut sein, weil Sie das gerne tun. Wenn Sie gut sind, werden Sie auch gut bezahlt. Und damit sind Sie noch erfolgreicher.

Das heißt also: Hören Sie auf zu arbeiten. Das heißt nicht, nichts mehr zu tun, sondern nichts mehr zu tun, das Sie Arbeit nennen, sondern etwas, das Ihnen Freude macht.

Und damit kommen wir zu einem weiteren Erfolgsfaktor, nämlich mein Selbstbild. Machen wir uns einmal bewusst, wo dieses Bild herkommt, ganz gleich wie es aussieht. Wo kommt Ihr Selbstbild her? Als Sie auf die Welt gekommen sind, hatten Sie kein Selbstbild. Sie wussten nicht einmal, dass es Sie gibt. Sie haben die anderen wahrgenommen, das DU, wie Mutter, Vater, Geschwister, Umwelt. Und aus den Äußerungen der anderen entstand allmählich ein Bild von sich selbst.

„Oh, das machst Du aber toll" oder „Lass das, du machst

alles kaputt", alles das wurde Teil Ihres Selbstbildes. Das heißt, dieses Selbstbild ist zum größten Teil von anderen geprägt. Das entspricht Ihnen gar nicht. Wenn aber das Selbstbild Ihnen nicht entspricht, kann auch Ihr Leben Ihnen nicht entsprechen, d. h. dann leben Sie gar nicht Ihr Leben. Dann leben Sie das, was die anderen von Ihnen erwarten, was die gerne hätten, was man sich von Ihnen wünscht.

Und das meine ich damit: Wie hätten Sie sich denn gerne? Welcher Mensch wären Sie gerne? Fangen Sie hier einmal an, sich zu erfinden. Und das beginnt damit, dass Sie sich in Frage stellen. Nichts von den Eigenschaften, die Sie haben, gehört zwangsläufig zu Ihnen. Alle sind angenommen – und damit änderbar.

Sie brauchen sich also gar nicht zu wundern, wenn Sie mit Ihrem Leben nicht zufrieden sind. Denn: Bevor Sie sich nicht selbst erfunden haben, ist es gar nicht Ihr Leben. Und das Bild, das wir uns von uns selbst machen, ist deswegen so wichtig, weil die Welt, die wir erleben, eine Reflektion unserer Überzeugung ist. Ihr Selbstbild bestimmt den größten Teil Ihres Lebens, ohne dass Sie es merken. Es ist eine sehr starke Ursache für den größten Teil der Lebensumstände, in denen Sie leben. Das kann man nicht ändern, aber das Selbstbild können Sie ändern. Das ist Ihre Entscheidung, und damit ändern Sie alles, was Sie wollen.

Schauen wir einmal, welche Gedanken Sie in diesem Augenblick, bewusst oder unbewusst, haben, und welche Ursachen Sie damit setzen. Wie finden Sie Ihre Kleidung? Machen Sie sich einfach mal Ihre Kleidung bewusst. Was glauben Sie, welchen Eindruck Sie mit Ihrer Kleidung auf andere machen? Wirkt die sportlich, oder seriös, oder elegant? Geben Sie dem Eindruck Ihrer Kleidung einmal ein paar Eigenschaften. Umreißen Sie einmal, für sich, den Eindruck, den Sie mit Ihrer Kleidung machen. Alleine mit Ihrer Kleidung, erzeugen Sie im anderen ein Bild. Und nach diesem Bild verhält er sich, so sieht er Sie.

Genau das gleiche gilt für Ihre Stimme. Wie zufrieden sind Sie mit Ihrer Stimme? Es wäre sehr hilfreich, das Zauberinstrument Stimme einmal zu schulen, zu trainieren. Denn auch das erzeugt wieder einen Eindruck bei dem anderen.

Und wie ist es mit Ihrem Verhalten? Nehmen Sie einmal Ihr angenehmstes Verhalten, Ihr bestes Verhalten. Was glauben Sie, ist Ihre beste Eigenschaft? Wer traut sich, was zu sagen?

Teilnehmer(in):   Begeisterungsfähigkeit.

Kurt Tepperwein: Ihre beste Eigenschaft ist Begeisterungsfähigkeit. Was haben wir noch?

Teilnehmer(in):   Liebe zu anderen.

Teilnehmer(in):   Fröhlichkeit.

Teilnehmer(in):   Freundlichkeit.

Teilnehmer(in):   Immer gut drauf.

Kurt Tepperwein: Sie werden sicher noch mehr finden. Und jetzt schauen wir mal in die andere Richtung. Welche Eigenschaft, oder welches Verhalten an Ihnen, dürfte für andere am unangenehmsten sein? Jetzt brauchen Sie nichts sagen, Sie sollten es sich nur bewusst machen. Welche meiner Eigenschaften, oder welches Verhalten von mir ist für andere belastend, störend, schwierig? Und jetzt

Ihre Entscheidung: Will ich das beibehalten? Wie wäre ich denn gerne in dieser Situation? Wie hätte ich diese Eigenschaft am Liebsten? Wie wäre mir das Verhalten am Liebsten?

Erfinden Sie das jetzt einmal in Ihrer Vorstellung. Stellen Sie sich einmal vor, diese Eigenschaft oder dieses Verhalten wäre schon verwirklicht. Sehen Sie sich einmal mit dieser Eigenschaft, mit diesem Verhalten, sehen, vorstellen, imaginieren! Und dann nehmen Sie dieses Verhalten, diese Eigenschaft, in Besitz, indem Sie sich erleben, in diesem Verhalten, mit dieser Eigenschaft. Und schließen Sie die Übung ab, mit einem starken Gefühl der Freude und Dankbarkeit. Das habe ich jetzt auch optimiert, so gefalle ich mir viel besser. Dieses eine Mal wird nicht ausreichen, Sie werden das ca. 20 bis 30 Mal wiederholen müssen, genau wie beim Ärger abgewöhnen. Aber wenn Sie 20 bis 30 Mal Ihrem Unterbewusstsein ein Bild dieses neuen Verhaltens, dieser neuen Eigenschaft, geben, dann wird Ihr Unterbewusstsein das angenommen haben und Sie verhalten sich so, Sie haben diese Eigenschaft. Sie haben sich in einem Aspekt dann neu erfunden. Und das könnten Sie mit allen Eigenschaften machen, und mit jedem Verhaltensmuster.

Probieren wir das noch einmal aus, Sympathie als Erfolgsfaktor. Wir haben das ja schon zwei mal gemacht. Schauen wir mal, wie gut Sie inzwischen geworden sind. Seien Sie also wieder einmal sympathisch, jetzt. Und vielleicht noch ein Hilfsmittel, man ist besonders sympathisch, oder man wirkt besonders sympathisch, wenn man den anderen sympathisch findet. Und jetzt richten Sie Ihre Sympathie einmal auf Ihren Nachbarn, finden Sie den mal sympathisch. Ganz genau so geht es.

So geht es wirklich, und der andere kann nicht anders,

als Sie ebenfalls sympathisch finden, weil Sie den ersten Schritt gemacht haben. Wenn Sie also hier als sympathischer Mensch rausgehen wollen, dann fangen Sie an, die anderen zu mögen. Fangen Sie an, die anderen sympathisch zu finden. Das hat nämlich einen großen Vorteil: Es zwingt Sie, Ihr Bewusstsein auf das Angenehme im anderen zu richten. Und wenn Sie wirklich einmal einen finden, der einfach nur widerlich ist, dann bewundern Sie seine Konsequenz. Also finden Sie einfach an jedem Menschen etwas Sympathisches.

Und jetzt kommt noch ein wichtiger Schritt zum Erfolg: Sagen Sie es ihm. Machen Sie ab sofort Wortgeschenke. Gewöhnen Sie sich an, jedem Menschen, und wenn ich jeden sage, dann meine ich auch jeden, etwas zu sagen, was Sie an ihm sympathisch finden, angenehm, gut, bewundernswert. Das hilft Ihnen, indem Sie Ihr Bewusstsein auf das Angenehme, Positive, richten, und damit das hervorrufen, und damit für den anderen sympathisch werden. Und auf einmal, von einem Moment auf den anderen, verzaubern Sie Ihr Leben. Es ist auf einmal viel leichter.

Nur sollten Sie sich das angewöhnen, das bei jedem zu tun. Dann denken Sie nämlich dauernd dran, sonst vergisst man es nämlich zwischendurch wieder, sympathisch zu sein, und ist wieder normal. Sobald Sie aber jemandem begegnen und automatisch Ihr Bewusstsein darauf richten, was Sie an ihm gut finden, sind Sie wieder in der sympathischen Ausstrahlung. Und das gehört natürlich ganz einfach zum Erfolg dazu.

Und wenn wir schon beim Selbstbild sind: Prüfen Sie noch einmal Bereiche Ihres Lebens, wo es bisher nicht optimal gelaufen ist. Sei es bei den Finanzen, in der Gesundheit, in der Partnerschaft, in der geistigen Entwicklung, der beruflichen Entwicklung ... Nehmen Sie einmal einen Bereich und prüfen Sie die Überzeugungen, die dahinter stehen, die genau diese unerwünschte Situation hervorgerufen haben. Welche Überzeugungen haben Sie in diesem Bereich? Nehmen wir mal irgendeinen Bereich, vielleicht ist der Bereich Partnerschaft am neutralsten, wie denken Sie über Partnerschaft? Wer sagt mal was?

Teilnehmer(in):   *Schwierige Angelegenheit!*

Kurt Tepperwein: Schwierige Angelegenheit? Wenn ich der Überzeugung bin, dass Partnerschaft eine schwierige Angelegenheit ist, dann kann ich mir vorstellen, wie meine Partnerschaft dann aussieht. Es wird eine schwierige Angelegenheit. Danke für dieses Beispiel. Ich hoffe, dass es nicht so weit verbreitet ist, aber es zeigt doch, dass wir genau das hervorrufen, was wir ja eigentlich gar nicht wollen. Wir erleben es nur so. Und weil wir es so erleben, vergessen wir, dass wir es hervorgerufen haben, mit unserer Überzeugung. Solange ich denke, dass Partnerschaft eine schwierige Angelegenheit ist, wird es eine schwierige Angelegenheit bleiben. Ich muss also etwas ändern.

Vielleicht dazu einen Rat: Das einfachste, was ich ändern kann, ich sage nicht das Leichteste, sondern das Einfachste, ändern Sie sich als Partner. Fangen Sie an, ein guter Partner zu sein. Einen Aspekt haben wir uns schon bewusst gemacht. Prüfen Sie einmal: Wann haben Sie Ihrem Partner oder Ihrer Partnerin zuletzt gesagt, dass Sie sie lieben? Jetzt fangen einige an nachzudenken, das war neunzehnhundert …

Das erinnert mich ein bisschen an den Witz, wo die Frau zu ihrem Partner sagt: ‚Schatz, wir sind jetzt 25 Jahre verheiratet, liebst du mich eigentlich noch?' Und er sagt:

,Ich habe dir damals vor dem Standesamt gesagt, dass ich dich liebe und solange ich nichts anderes sage, bleibt es dabei.'

Also schließen wir diesen Aspekt ab. Es wäre gut, wenn Sie bereit wären, sich anzugewöhnen, ab heute, ohne jede Ausnahme, jedem Menschen, der Ihnen begegnet, etwas zu sagen, was Sie an ihm schätzen oder bewundern. Jedes Mal! Jedem, mit dem Sie irgendwas reden, mit dem Sie ins Gespräch kommen. Das gilt auch für den Ober im Restaurant, oder der Schaffner in der Bahn. Wann immer Sie irgend etwas zu dem anderen sagen, sollte automatisch dazu gehören, dass Sie ihm etwas sagen, was Sie schätzen und bewundern.

Und, das sollte nicht geschleimt sein! Das ist ganz wichtig. Es muss für Sie stimmen. Das zwingt Sie nämlich, etwas zu erkennen, etwas zu finden, bei dem anderen, das lobenswert, liebenswert, bewundernswert ist. Wenn Sie das tun, werden Sie es in Ihrer Partnerschaft schon sehr viel leichter haben. Nehmen wir einen anderen Aspekt des Lebens, wo Misserfolgsmechanismen wirken können, die Erfolg erfolgreich verhindern. Nehmen wir doch gleich den Erfolg. Also, was sind Ihre Überzeugungen zu Erfolg? Prüfen Sie sich einmal: Wie denken Sie über Erfolg? Erfolg ist für mich …

Teilnehmer(in): Die Dinge, die ich mir vorstelle, von denen ich träume, die ich vor meinen Augen habe, dass ich die erreichen werde.

Kurt Tepperwein: Ja, das möchten Sie erreichen, ganz gleich, ob sie materiell oder geistig sind. Aber werden Sie sie erreichen?

Teilnehmer(in):   Natürlich!

Kurt Tepperwein: Natürlich? Genau das wäre die ideale Antwort, wenn es Ihnen natürlich vorkommt, Ihre Ziele zu erreichen. Und wenn das kein Glaubenssatz ist, dann ändern Sie das jetzt bitte. Sorgen Sie dafür, dass das, was Sie erreichen wollen, Ihnen natürlich vorkommt. Denn, wenn es Ihnen nicht natürlich vorkommt, wenn Sie es nur gerne hätten, haben Sie keine Chance. Und das müssten Sie jetzt ändern.

Und so könnten Sie einen Misserfolgsmechanismus nach dem anderen aus Ihrem Leben entfernen. Machen wir das jetzt einmal praktisch, mit einer absolut zuverlässigen, aber sehr einfachen, Technik, die aber in jedem Fall funktioniert. Nehmen Sie einmal etwas, das Sie gerne loslassen möchten. Eine Eigenschaft, eine Verhaltensweise, eine Situation, einen Lebensumstand, irgend etwas, das Sie loswerden möchten. Wenn Sie sich entschieden haben, schießen Sie die Augen, machen Sie sich Ihre Mitte bewusst und ruhen Sie ganz gelöst in sich.

Ich richte nun die Aufmerksamkeit auf das, was ich loslassen möchte, stelle es mir vor, lasse es lebendig werden, und gehe einmal ganz bewusst in diese Situation hinein. Der erste Schritt es loszulassen ist, nicht immer dagegen zu sein, mich dagegen zu wehren und es damit anzuziehen, sondern mich dem, was ich loslassen möchte, einmal zuzuwenden und es bewusst erleben.

Und wenn ich noch einmal ganz deutlich das erlebt habe, was ich loslassen möchte, richte ich meine Aufmerksamkeit jetzt auf das, was ich erreichen möchte, was ich verwirklichen möchte. Wie ich das gerne hätte. Ich stelle es mir ganz lebendig vor und gehe ganz in diese Situation hinein, erlebe bewusst, wie ich diesen Aspekt meines Lebens gerne hätte.

Und jetzt erkenne ich, ich habe die Wahl. Ich kann meine Aufmerksamkeit auf das eine richten, und es damit verwirklichen, oder auf das andere. Ich kann sowohl das eine, als auch das Gegenteil erleben.

Und nun mache ich mir bewusst, wer ich wirklich bin, identifiziere mich mit dem, der ich wirklich bin, und erkenne, Ichbewusstsein kann jede gewünschte Eigenschaft und jedes Verhalten annehmen. Und nun treffe ich bewusst meine Wahl. Und wenn ich mich entschieden habe, gehe ich noch ein letztes Mal ganz bewusst in das, was ich loslassen möchte. Ich tauche ganz ein, werde noch einmal Eins damit, und erlebe es mit meinem ganzen Sein. Ich lasse jeden Widerstand dagegen los und erlebe so auch bewusst den Raum, den es bisher in meinem Leben eingenommen hat, und den es ausfüllt.

Dann atme ich einmal ganz tief ein, und während ich ausatme, verlasse ich bewusst diesen Raum, und kehre zurück in die Wirklichkeit meines Seins. Ich vergewissere mich, dass ich diesen Raum ganz verlassen habe, dass ich mich vollständig davon gelöst habe. Und als der, der ich wirklich bin, richte ich nun meine Aufmerksamkeit auf den Aspekt meines Lebens, den ich erfahren möchte, den ich erleben möchte, der ich sein möchte, und gehe einmal ganz hinein, in diese gewünschte Situation. Ich nehme sie in Besitz, indem ich mich damit identifiziere. Ich mache mir den Raum bewusst, den dieses neue Verhalten, diese neue Eigenschaft, in meinem Leben einnimmt, und schaffe mir so die Eigenschaft, die Persönlichkeit oder die Situation, die ich sein oder haben möchte. Und mit dieser Eigenschaft, mit diesem Verhalten, öffne ich meine Augen und trete wieder in mein Leben.

Das Erstaunliche ist, Sie brauchen diese Übung nicht wiederholen. Wenn Sie es richtig vollzogen haben, wenn Sie ohne Widerstand in das hineingegangen sind, was Sie ablehnen und dann den Raum endgültig verlassen haben, und in einen anderen Raum gegangen sind, in dem diese neue Eigenschaft ist, den diese neue Eigenschaft ausfüllt, brauchen Sie diese Übung nie wiederholen. Das ist ganz erstaunlich. Sie können das mit einem einzigen Mal auflösen.

Wenn wir also genau hinschauen, erkennen wir, wir können im Leben wählen, indem wir unsere Einstellung verändern. Das ist so wie beim Radio. Sie hören vielleicht eine Sportsendung, und eine kleine Drehung am Knopf, und Sie sind im Symphonieorchester, und noch ein bisschen weiter, und Sie sind in den Nachrichten. Das heißt, Sie haben die Wahl. Durch eine geringfügige Veränderung der Einstellung kommen Sie in eine ganz andere Welt.

Und so ist es auch mit Ihrem Leben. Es ist, wie mit der Fernbedienung bei Ihrem Fernseher. Wenn Ihnen Ihr Lebensprogramm nicht gefällt, drücken Sie doch drauf, neues Programm, ändern Sie es. Sie haben es in der Hand. Je sorgfältiger und genauer Sie Ihre Einstellungen ändern, desto größer wird die Wirkung sein. Also prüfen Sie einmal, welche Einstellung Sie gerne ändern möchten, und ändern Sie sie gleich hier.

Und machen Sie sich auch bewusst, welcher Aufwand ist nötig beim Radio, oder beim Fernseher, das Programm zu wechseln? Der Aufwand ist sehr gering, aber das Ergebnis ist unglaublich anders. Und genau so ist es in Ihrem Leben. Könnten Sie sich einmal bewusst machen, jetzt, dass Sie die Wahl haben, welches Programm Sie für Ihr Leben wählen, welche Lebenseinstellung Sie wählen, welche wunderbare Möglichkeit uns da an die Hand gegeben ist,

Die innere Erfolgs-Formel

Nur echte Überzeugung – wenn nötig durch ständige Wiederholungen – bringt den Erfolg. Der Wunschgedanke allein reicht dazu nicht aus. Wir bekommen nicht das, was wir uns wünschen, auch nicht das, was wir ganz dringend brauchen, sondern nur das, was wir verursachen. Nicht mehr, nicht weniger und nichts anderes.

Wenn also ein positives und klares Ziel erreicht werden soll, müssen die negativen Glaubenssätze zu „Inneren Erfolgs-Formeln' umgewandelt werden, z.B.: „Ich erreiche, was immer ich will", „Ich bestimme, was in meinem Leben geschieht", „Ich bin erfolgreich und glücklich", „Gute und kreative Arbeit wird gut bezahlt", „Mein Beruf macht mir Freude und bringt finanziellen Gewinn".

„Schwächen überwinden wir nicht, indem wir ihre Symptome –
die sichtbaren Fehler – bekämpfen,
sondern indem wir sie bei ihrer Wurzel packen –
beim falschen Denken!"

Erfolg bedeutet aber sehr viel mehr als: Geld, Besitz, Überlegenheit, sich durchsetzen und Sieg. Erfolg bedeutet in Wirklichkeit, dass alles Tun erfolgreich ist. Zum wirklichen Erfolg gehört so auch Gesundheit, Freude und Glück. Vor allem aber Erfüllung! Erfolg ohne Erfüllung ist kein Erfolg.

Deshalb ist das Wichtigste, was Sie JETZT tun können, sich zu entscheiden, dass Sie einer der Wenigen sind, die zu dem kleinen Prozentsatz erfolgreicher Menschen gehören!

Die meisten Menschen sind zu sehr damit beschäftigt, ihren Lebensunterhalt zu beschaffen, um noch Zeit zu haben, wirklich Geld zu verdienen. Viele sorgen sogar so intensiv für ihren Lebensabend, dass sie ihn gar nicht mehr erleben.

Ist diese „Innere Erfolgs-Formel" einmal für jeden Lebensbereich geschaffen und innerlich bedingungslos bejaht (also überzeugt glauben), beginnt sie im gleichen Augenblick Tag und Nacht zu wirken und verändert wie ein Zauber unsere Lebensumstände – und unser wahres Leben beginnt zu erwachen.

> „Sie ertrinken nicht, weil Sie ins Wasser fallen –
> Sie ertrinken, weil Sie darin bleiben!"

dass wir das bestimmen können. Und davon sollten Sie Gebrauch machen.

Diese Phantasiearbeit kann wunderbar oder katastrophal wirken, je nach dem, was Sie sich regelmäßig vorstellen. Und ganz gleich, was Sie sich bisher vom Leben vorgestellt haben, ab jetzt könnten Sie es ändern. Fangen Sie an, sich immer wieder dieses neue Leben vorzustellen, das Sie leben möchten. Und wundern Sie sich nicht, dass Sie genau das im Außen erleben werden. Sie können als Schöpfer alles erreichen.

Die Hauptarbeit wird sein, sich zu entscheiden, was Sie haben wollen. Und als Hilfsmittel sage ich immer wieder, beginnen Sie mit dem, was Sie nicht mehr haben wollen. Möglicherweise erleichtert Ihnen das die Arbeit.

Wir haben auch gesagt: wer ein klares Ziel hat, hat bereits den halben Weg dorthin zurückgelegt. Denn aus klaren Zielen ergeben sich klare Entscheidungen. Aber bei Zielen sollten Sie sorgfältig wählen. Es gibt nämlich falsche und richtige Ziele.

Wie ich heute morgen schon sagte, es kann sein, dass Sie etwas haben wollen, sagen wir mal einen Partner, und die Strafe ist, dass Sie ihn bekommen. Das kann genau so eine Tätigkeit, eine Wohnung, eine Situation, oder irgendetwas, was ich haben will, sein. Etwas, das Sie haben wollen, ist nicht automatisch das Richtige. Das heißt, Sie sollten vorher probieren, ob das auch stimmt. Und ein Weg das festzustellen ist, das Ziel hinter dem Ziel zu erkennen. Machen wir das gerade mal praktisch miteinander, sagen Sie mir mal ein Ziel. Was hätten Sie gerne vom Leben?

Teilnehmer(in):   Ein neues Haus.

Kurt Tepperwein: Ein neues Haus, gut. Das ist ein weit verbreitetes Ziel. Für mich wäre es eine Strafe. Also, ich habe Häuser gehabt und ich bin froh, dass ich keine mehr habe, und ich werde nie mehr eins haben. Das hat viele Gründe, aber schauen wir mal bei Ihnen, das Ziel hinter dem Ziel. Wir wollen gerne ein neues Haus, jetzt. Warum? Was versprechen Sie sich davon? Was wollen Sie damit erreichen? Was ist also das Ziel? Ich will damit sagen, wir sollten kritisch die Ziele hinter den Zielen prüfen, denn es kann sein, dass Sie dann das Haus haben, haben eine höhere monatliche Belastung, müssen sich um die Erhaltung kümmern, haben viel mehr Arbeit, müssen Gartenarbeit machen und alles mögliche, und dann sagen Sie, das alles wollte ich eigentlich gar nicht.

Also, ganz gleich, was es ist, prüfen Sie: Warum will ich das, was ich will? Was verspreche ich mir davon? Es passiert nämlich immer wieder, dass besonders junge Leute vorwärts kommen wollen, Direktor werden wollen, oder selbstständig werden wollen, weil sie wer sein wollen. Und dann besuchen sie Abendkurse, machen Diplome, machen Überstunden, und erreichen ihr Ziel und stellen fest, dadurch sind sie nicht wer geworden. Sie haben jetzt nur mehr Arbeit, mehr Verpflichtung. Sie haben auf der einen Seite mehr Geld, aber keine Zeit mehr, es auszugeben. Wenn sie einen neuen Anzug brauchen, dann müssen sie ihre Sekretärin in die Stadt schicken, dass die ihnen ein halbes Dutzend zur Auswahl bringt, weil sie keine Zeit haben, selber hinzugehen. Und dann stellen sie vielleicht fest, das wollte ich eigentlich gar nicht. Dann haben die aber 10 oder 20 Jahre verschwendet, um ein Ziel zu erreichen, nur um festzustellen, dass sie das gar nicht wollen. Und dann müssen die sich neu fragen, was wollte ich denn eigentlich?

Teilnehmer(in):   Sie haben mich doch sehr neugierig gemacht. Sie sagen, kein Haus mehr, will ich nicht mehr. Vielleicht zwei, drei Worte dazu, warum nicht?

Kurt Tepperwein: Ich sage es in einem Satz: Der Laie baut, der Fachmann wohnt zur Miete.

Wir werden in der nächsten halben Stunde noch auf Vermögen zu sprechen kommen, dann werde ich Ihnen einige Informationen geben, dass Ihnen die Ohren abstehen, weil es so unglaublich ist. Ich hatte 20 oder 22 Jahre zwei Häuser, und ich habe eins festgestellt, als ich einmal ganz nüchtern durchkalkuliert habe. Ich habe für jedes der beiden Häuser unabhängig – ein Einfamilienhaus, das ich selber bewohnt habe und ein Praxishaus – im Durchschnitt über die 22 Jahre monatlich so viel zur Erhaltung aufgewandt, und zur Gartengestaltung, und, und, wie ich Miete gezahlt hätte, wenn ich das Objekt gemietet hätte. Und dann hätte ich das Kapital nicht binden brauchen, dann hätte ich es auch mieten können. Und genau das habe ich jetzt seit vielen Jahren gemacht, jetzt miete ich die Dinge. Jetzt erst bin ich frei. Deswegen heißt ja eine Immobilie im-mobil, weil sie unbeweglich ist, wenn ich sie habe. Jetzt bin ich mobil. Wenn ich jetzt keine Lust mehr habe, dann kündige ich, und dann gehe ich woanders hin.

Das sollten Sie unbedingt tun, schriftlich, wenn Sie zu Hause sind, am besten noch heute Abend, spätestens aber morgen, in Ruhe, am Sonntag. Legen Sie einmal schriftlich fest: Was will ich in 7 Jahren sein, haben, tun? Machen Sie das ausführlich und lassen Sie sich ruhig Stunden oder Wochen Zeit. Machen Sie sich ganz klar: Was will ich sein, haben, tun? Entwerfen Sie auch Ihren idealen Tagesablauf.

Ich habe viele Jahre gegen meinen inneren Rhythmus gearbeitet, weil ich ein Morgenmensch bin. Wenn ich dann morgens ins Büro kam, dann musste ich zunächst einmal die Post erledigen, die Anrufe erledigen, dann musste ich Arbeitsvorbereitungen für die Mitarbeiter machen, usw. Das heißt, der Vormittag, meine kreative Zeit, war vorbei, bevor ich überhaupt zu etwas vernünftigem kam. Und dann habe ich mir 20 Jahre Gedanken gemacht, dass es doch viel schöner wäre, wenn es andersrum wäre. Und von einer Woche zur anderen habe ich gemerkt, da ist gar kein Hindernis. Und dann habe ich es andersrum gemacht. Ich habe meine Arbeitsvorbereitungen am Nachmittag gemacht, habe meine Anrufe am Nachmittag erledigt, habe die Post am Nachmittag bearbeitet, und am Vormittag war ich telefonisch nicht zu erreichen. Es war ja alles vorbereitet, jeder wusste, was er zu tun hatte, und ich konnte Verträge entwerfen, Strategien ausdenken, Techniken entwickeln und Nachmittags war ich wieder bereit für Telefon, für Post und für die Arbeitsvorbereitungen für den nächsten Tag. Ich habe mein Leben einfach umgelenkt, und seit der Zeit entspricht es mir.

Und es kann sein, dass Sie auch in irgendeiner Situation sind, die eigentlich ganz leicht zu ändern wäre, und Sie kommen nicht auf die Idee, wie einfach es eigentlich ist. Im Nachhinein habe ich mich immer wieder gefragt, warum ich nicht vor 20 Jahren schon auf die Idee gekommen bin. Ich hatte nicht die innere Freiheit, es fiel mir einfach nicht ein. Das Leben war so und ich dachte, so müsste es bleiben.

Worum es geht ist, dass Sie mal Ihr ganzes Leben in Frage stellen und bei Null anfangen, und den Tag neu erfinden. Schreiben Sie das Drehbuch Ihres Lebens neu. Wie hätte ich gerne mein Leben? Und jetzt noch eine ketzerische

Frage: Prüfen Sie einmal, wie viel Sie ungefähr in diesem Leben verdient haben, bisher, geschätzt. Sie brauchen es mir nicht sagen, machen Sie es sich nur einmal eine konkrete Summe bewusst. Was glauben Sie? Wenn Sie ein bisschen älter sind, müssen es Millionen sein, zwangsläufig. Machen Sie sich einmal konkret die Summe bewusst: Wie viel habe ich in diesem Leben wahrscheinlich bisher verdient?

So, und jetzt kommt die andere Frage: Wie viel davon haben Sie übrig behalten? Und dann werden Sie sehen: Das steht in einem Missverhältnis. Sie haben wahrscheinlich ganz beachtlich verdient, aber es ist nicht viel übrig geblieben. Nicht genug jedenfalls.

Und jetzt die letzte Frage: Sind Sie mit dem zufrieden, was bisher übrig geblieben ist? Sie sollten es nicht sein. Was wir jetzt brauchen, ist eine konstruktive Unzufriedenheit, dass Sie sagen, ich bin eigentlich ganz zufrieden, aber es könne ruhig ein bisschen mehr sein. Und dann würde ich Sie anregen, das Wort „bisschen" noch zu streichen. Warum sind Sie so bescheiden? Es könnte, es sollte ruhig mehr sein!

Ich habe vor einiger Zeit, erst vor ein paar Wochen, in einem interessanten Buch eine Geschichte gelesen, die mir bewusst gemacht hat, diese Entscheidung, die ich auch irgendwann in meinem Leben getroffen habe, und vielleicht möchte ich sie vorlesen, damit Sie überlegen, ob Sie bereit sind, auch eine solche Entscheidung, heute, jetzt und hier zu treffen. Ich zitiere einfach mal so, wie es da stand. Er erzählt in der Ich-Form:

Ich möchte Ihnen eine wahre Geschichte von zwei Personen erzählen, die genau die gleiche Ausgangssituation hatten, aber an zwei völlig verschiedenen Orten landeten, auf Grund der von ihnen getroffenen Entscheidungen. Die Geschichte beginnt an einem frischen Herbstmorgen, als ich auf dem Weg nach Florida zu einem Buchgroßhändler war, um mit ihm über die Verfügbarkeiten meiner Bücher, in Buchhandlungen landesweit, zu reden. Hinterher entschied ich mich, bei meinem alten Arbeitsplatz vorbeizugehen. Zu meiner Überraschung waren zwei der Jungs, mit denen ich vor fast 10 Jahren zusammen gearbeitet hatte, immer noch dort beschäftigt. Und ich war sehr erfreut, sie wieder zu sehen, und wir tauschten Geschichten, über die gute, alte Zeit aus, und als ich gerade gehen wollte, steckte einer der Jungs seinen Kopf aus dem Bootsrumpf und fragte mich, was ich denn heute so mache. Und ich erzählte ihm, ich hätte einige Geschäfte gegründet, und einige Bücher geschrieben. Warte einen Moment, sagte ich, ich glaube, ich habe einige Bücher im Auto. Eine Minute, ich hole dir eins. Und als ich zum Auto lief, um ihm das Buch zu holen, rief er mir hinterher, vergiss das Buch, wenn du mir etwas holen willst, dann hole mir einen Sechserpack Bier. Und alle krümmten sich vor Lachen, und seine Kumpels stimmten ihm zu, dass ein kaltes Bier ein gutes Buch immer noch schlägt.

Ich verabschiedete mich von allen und ging nachdenklich zu meinem Auto, denn das war genau die Entscheidung. Auf meiner Heimfahrt musste ich immer wieder daran denken, an welch unterschiedlichen Plätzen im Leben Bob und ich gelandet waren, obwohl wir beide die gleiche Ausgangssituation gehabt haben, schwitzend, Seite an Seite in einem Bootsrumpf, mit einer Schleifmaschine in unseren Händen. 10 Jahre später schwitzte und schuftete Bob immer noch für 8 Dollar die Stunde. In einem guten Jahr, mit vielen Überstunden, würde er es auf 18000 Dollar bringen.

Nun ist mir klar, dass 18000 Dollar im Jahr für viele Leute gutes Geld ist. Doch ich entschied mich damals, als ich Seite an Seite mit Bob schwitzte, meinen Marktwert zu erhöhen, zu verbessern. Ich entschied mich, ihn so dramatisch zu erhöhen, dass ich sehr viel mehr Geld verdienen konnte, mit einer Tätigkeit, die ich liebe, statt mich mit 18000 Dollar und einer Tätigkeit, die ich hasse, zu begnügen. Als Ergebnis meiner Entscheidung, meinen gültigen Marktwert zu erhöhen, indem ich als Mensch gewachsen bin, verdiene ich heute oftmals 18000 Dollar an einem einzigen Tag. Das alles nur, weil ich eine Entscheidung getroffen habe.

Und das wäre vielleicht eine gute Situation für Sie, zu überlegen, ob Sie jetzt eine solche Entscheidung treffen sollten. Ob Sie sich entscheiden sollten, Ihren Marktwert zu erhöhen? Denn das ist das Interessante: Jeder verdient im Leben das, was er verdient, nämlich so viel, wie er dem Markt wert ist.

Und eine Voraussetzung, dass der Markt erkennt, wie viel Sie wert sind, und der erste Schritt zur Erhöhung des Marktwertes ist, dass Sie sich mehr wert sind. Dass Sie sich jetzt, hier, entscheiden, nicht mehr mit dem zufrieden zu sein, was Sie bisher vom Leben bekommen haben. Und sich ganz konkret zu entscheiden, wie viel Sie sich wert sind.

Also, zwei Entscheidungen: Was möchte ich gerne tun? Wie sieht mein idealer Tag aus? Und wie viel verdiene ich? Und das in eine konkrete Entscheidung zu bringen.

Machen Sie sich bewusst: Gewinnen ist nur eine Gewohnheit! Leider ist Verlieren das auch. Und sich zufrieden zu geben, mit dem, was ist, ist Stagnation. Sie können mehr haben! Also, entscheiden Sie sich! Und wie man sich entscheidet, welche Schritte man tun kann, das möchte ich Ihnen jetzt ganz konkret sagen.

Eine Möglichkeit zu mehr Geld zu kommen, und die Einfachste ist, wie Henry Ford schon gesagt hat, das beste Sparprogramm der Welt, ist ein Kostensparprogramm. Ein unglaublicher Erfolgsfaktor, den wir alle jetzt noch unterschätzen, ist das alte, biedere sparen. Und prüfen Sie gleich einmal, welche Assoziation hat sparen für Sie? Ist das etwas begeisterndes, aufbauendes? Nein, das hört sich so nach Einschränkung an, nach Knapsen, mühsam zurücklegen, doch wieder einen Teil nehmen müssen, weil es nicht anders geht.

Das heißt also, bevor wir mit einem Sparprogramm erfolgreich sein können, müssen wir unsere Einstellung zum Sparen ändern. Und dazu gehört auch, dass wir erkennen, bevor ich sparen kann, sollte ich keine Schulden mehr haben. Wir müssen dabei zwei Arten von Schulden unterscheiden: intelligente und dumme Schulden. Intelligente Schulden sind, wenn ich mir etwas kaufe, das ich jederzeit wieder verkaufen könnte, wo ich also etwas habe, was Geld oder Freude produziert. Was sich zumindest selbst bezahlt, am besten aber noch ein Vermögen schafft. Da habe ich eigentlich keine Schulden, ich habe nur mein Geld in etwas Produktives umgetauscht und könnte es jederzeit wieder zurücktauschen. Das nenne ich nicht Schulden. Das sind intelligente Schulden.

Dumme Schulden sind Konsumschulden. Wenn ich mir etwas kaufe, was ich nicht bezahlen kann. Ich habe meinen Maßstab in meinem Leben immer weiter erhöhen müssen. Als junger Mann war ich davon überzeugt, dass ich mir etwas leisten kann, wenn ich die Raten aufbringen kann, wahrscheinlich. Dann habe ich mir Dinge gekauft, die ich mir eigentlich nicht leisten konnte. Später wurde ich strenger und habe gesagt, ich kann mir etwas nur leisten, wenn ich es bar bezahlen kann. Vorher kann ich es mir eben nicht leisten. Schulden kommen nicht in Frage. Ratenzahlung gibt es nicht mehr.

Und noch später habe ich erkannt: Auch das reicht noch nicht aus. Auch wenn ich etwas bar bezahlen kann, kann es sein, dass ich es mir nicht leisten kann. Wenn ich mein ganzes Geld für ein Haus ausgebe, oder als junger Mann für ein Auto, das ich zwar bar bezahlen kann, aber das mein ganzes Vermögen darstellt, dann kann ich mir das nicht leisten, dann stimmt das einfach nicht. Denn ich mache mir eins nicht bewusst: Wenn ich mir etwas kaufe, gebe ich nicht nur diesen Betrag aus, sondern ich gebe damit den vielfach höheren Betrag aus, der daraus werden würde, wenn ich das gespart hätte.

Das heißt also, der erste Schritt ist keine Schulden mehr zu haben. Dafür zu sorgen, dass ich in kürzester Zeit, in kürzest möglicher Zeit, meine Schulden zurückzahle, einfach indem ich kreativ werde, indem ich fleißig werde, indem ich mir etwas einfallen lasse, um diese Schulden zurück zu zahlen.

Und jetzt kommt die erste Regel zum Erfolg, die hört sich unvernünftig an: Fangen Sie im gleichen Augenblick, wo Sie Ihre Schulden zurück zu zahlen beginnen, an Ihr Vermögen aufzubauen. Warten Sie nicht, bis Sie die Schulden zurückgezahlt haben.

Wir können eine einfache Regel aufstellen. Machen Sie sich bewusst, wie hoch der monatlich freie Betrag ist, über den Sie verfügen können, und finden Sie einen Weg Ihre Schulden mit 50% davon abzuzahlen. Mit den anderen 50% fangen Sie an ihr Vermögen aufzubauen. Das ist ganz

Die Morgenvorschau

Ich erkenne:

Dass ich diesen Tag nicht mit den Scherben von gestern beginnen will. Ich öffne mich ganz den Möglichkeiten, die mir dieser Tag bietet, und bin bereit, mein Bestes zu geben.

Ich frage mich jeden Morgen:

Was will ich heute erreichen?

Wie erreiche ich es am besten?

Was will ich auf jeden Fall vermeiden?

Wie will ich mich verhalten?

Welche Situationen oder Begegnungen habe ich heute zu erwarten?

Mental voraus erleben und zu einem „imaginären Erfolgserlebnis" gestalten und damit als Programm speichern. So setze ich erwünschte geistige Ursachen!

Mehrmals täglich stelle ich mir in der Imagination vor:

Wie ich ein Vorhaben erfolgreich durchführe. Ich gewinne zuerst regelmäßig in meiner Phantasie und mache
mir so das Gewinnen zur Gewohnheit. Ich bleibe in der
Energie des „erfolgten Erfolgs", bis er sich auch im Außen manifestiert. So wird nur noch erwünschte Zukunft
verursacht, und mein Leben wird immer schöner und
erfüllter! Ich danke immer wieder für das viele Gute, das
ich schon habe und gehe mit Freude und Gelassenheit
durch den Tag!

wichtig. Sie werden gleich noch erkennen, weshalb. Sobald Sie das getan haben und anfangen, Ihre Schulden zurück zu zahlen, fangen Sie mit dem besten Sparprogramm an, dem Kostensparprogramm.

Lassen Sie sich einmal von einem Fachmann Ihr Leben überprüfen, und Sie werden im Durchschnitt feststellen, dass Sie etwa 2.500 Euro im Jahr unnötig ausgeben. Das heißt, für Leistungen, die Sie woanders billiger haben könnten, die Sie genau so gut haben könnten, die verzichtbar sind.

Nehmen wir als Beispiel was ganz Einfaches, das Telefonieren. Sie brauchen nur eine andere Vorwahl wählen, dann haben Sie wieder einiges gespart. Denken Sie immer daran, das zu tun? Das heißt also, Sie könnten diese 2.500 Euro nehmen, für die Sie nichts entbehren, und könnten zum Nulltarif ein Vermögen aufbauen.

Aber wir fangen noch kleiner an. Was glauben Sie, was passiert, wenn Sie Lehrling sind, also noch gar nicht viel verdienen. Könnten Sie es sich dann leisten, einen Euro am Tag zu sparen? Ist jemand unter uns, der das nicht könnte? Einen Euro am Tag. Sie brauchen nur intelligent zu telefonieren, dann haben Sie schon mal diesen Euro am Tag gespart. Der gibt sich so leicht aus. Wenn Sie diesen einen Euro am Tag sparen, und Sie würden mit 18 Jahren anfangen, und Sie würden diese Gewohnheit, egal wie viel Tausende Sie im Monat verdienen, beibehalten, diesen einen Euro am Tag zu sparen und intelligent anzulegen, was glauben Sie, wird aus diesem einen Euro? Ich sage es Ihnen: Genau mit 65 sind Sie Millionär, aus diesem einen Euro.

Und wenn wir jetzt einen Schritt weiter gehen, wir haben heute morgen über Gesundheit gesprochen, eine der am leichtesten vermeidbaren Belastungen der Gesundheit ist das Rauchen. Wenn Sie sich entschließen würden, heute das Rauchen aufzuhören, und wir würden mal sagen, ich weiß nicht wie viel Sie geraucht haben, sagen wir mal 4 Euro am Tag, die Sie verrauchen. Beginnen wir wieder mit 18, damit Sie einen Vergleich haben, dann haben Sie also mit 65 Jahren Millionen. Wenn Sie diese Millionen wieder intelligent verrenten, nicht normal, sondern richtig.

Die ganze Welt hält uns für ein reiches Volk, und egal wohin Sie kommen, und ich komme viel rum, alle Menschen, die etwas von Anlage verstehen, halten die Deutschen für die dümmsten Anleger. Wir verstehen es am besten, zu Geld zu kommen und am wenigsten daraus zu machen. Dabei gibt es diese Möglichkeiten, seriös, zuverlässig, erprobt über 50 Jahre. Alles was ich sage, stimmt also. Wenn Sie diese Millionen verrenten, dann haben Sie eine Monatsrente von 20.000 Euro, ein Leben lang, und Ihre Kinder erben noch immer diese Millionen, oder wer auch immer. Das heißt, ohne das Vermögen zu verbrauchen, das geht.

Ich möchte Ihnen jetzt in diesem Abschnitt zeigen, dass niemand eine Entschuldigung hat, in diesem Leben nicht Millionär zu werden. Ich möchte Ihnen zeigen, wie jeder, der heute hier ist, in diesem Leben noch – vermutlich sogar mehrfacher – Millionär wird. Und zwar zum größten Teil zum Nulltarif.

Ich möchte nicht, dass Sie sich jetzt kasteien und sich nichts mehr gönnen, nein, es geht auf intelligente Weise. Nehmen wir wieder ein Beispiel, wenn Sie jährlich diese 2.500 Euro sparen, die Sie sparen können, wenn Sie sich einmal von einem Fachmann Ihr Leben durchforsten lassen, und Sie beginnen erst mit dem dreißigsten Lebensjahr, weil Sie vorher auf diese intelligente Idee noch nicht gekommen sind, dann haben Sie mit dem 65. Lebensjahr rund eine Million Euro, ohne dass Sie auf etwas verzichtet haben. Sie haben nur einmal das ausrechnen lassen und legen das an.

Oder ich sage Ihnen ein anderes Beispiel, das Ihnen vielleicht viel näher ist. Wenn Sie Eltern sind, dann bekommen Sie Kindergeld für Ihre Kinder. Haben Sie sich einmal bewusst gemacht, was passieren würde, wenn Sie das Kindergeld nicht ausgeben, sondern, keinen Euro dazu tun, Sie nehmen nur das, was Sie vom Staat bekommen und sagen, ich kann meine Kinder selber ernähren, ich lege das für mein Kind an, wieder intelligent. Und wenn diese Kinder studieren, dann bekämen Sie das Kindergeld bis zum 25. Lebensjahr, das können Sie also voll ausschöpfen. Wenn Ihre Kinder dann 25 sind und gerade Ihr Studium abgeschlossen haben, dann könnten sie in Rente gehen. Sie hätten nämlich von diesem Augenblick an 2.000 Euro Monatsrente, ein Leben lang. Aber noch verblüffender ist, wenn die Kinder sagen: Moment, ich bin jung, ich kann mich selber ernähren, ich tue nichts dazu, ich brauche mein Geld, aber ich lasse dieses Geld, was ich als Kindergeld bekommen habe, stehen. Nicht auf irgend einem Sparbuch, sondern intelligent angelegt, dann habe ich mit dem 65.Lebensjahr wie viel? Nur vom Kindergeld, keinen Euro dazu, was meinen Sie, wie viel? Ich sage es Ihnen, Sie glauben es ja doch sonst nicht: rund 25 Millionen.

Und wenn ich noch einen Schritt weiter gehe, wenn ich sage, ich bin 65, die Kinder werden immer gesünder, heute ist man mit 65 ja noch nicht verbraucht, ich bin ja auch schon lange in Rente und denke ja gar nicht daran, aufzuhören, ich kann mich also noch immer über Wasser halten. Wenn ich also sage, ich brauche meine Rente erst ab 70, wissen Sie, was dieses Kind mit 70 dann aus diesem Kindergeld hätte? Über 50 Millionen! Das heißt also, wir haben unglaubliche Möglichkeiten zu einem Vermögen zu kommen, ohne Risiko, vollkommen seriös, legal natürlich, ohne uns einzuschränken.

Hier haben Sie dann keinen Euro dazu getan und haben genau das erreicht. Aber ich möchte Sie noch einmal verblüffen, damit Sie begreifen, was Geld alles kann. Ich möchte Sie einmal fragen: Welchen Betrag müssten Sie für Ihr Kind einmalig anlegen, damit es mit 70 garantiert Millionär ist? Nur einen Betrag, es kommt nie mehr was dazu. Es sind 180,70 Euro. Können Sie Ihrem Kind nicht den Gefallen tun und bei der Geburt 180,70 Euro anlegen? Dann hat es garantiert mit 70 seine Millionen! Wenn Sie aber sagen, diesen irren Betrag von 180,70 Euro habe ich nicht, ich kann nur wenig sparen, wie viel müssten Sie denn monatlich sparen, damit Ihr Kind mit 70 Millionär ist? Es sind 1,70 Euro.

Worauf es ankommt, ist die Laufzeit, und deswegen ist es so wichtig, dass wir frühzeitig damit anfangen. Nun kann es sein, dass jemand sagt: Ich habe nicht einmal einen Euro täglich zum sparen, ich kann einfach gar nichts sparen, bei meinem Einkommen bleibt nichts übrig. Dann lassen Sie sich zeigen, wie man durch einen Nebenverdienst 500 Euro im Monat zusätzlich verdient, und den nicht verbraucht, sondern anlegt. Das heißt, Sie verzichten auf nichts, Sie haben alles, was Sie jetzt auch haben, Sie investieren ein paar Stunden die Woche, und verdienen im Monat 500 Euro dazu. Und nehmen wir einmal an, weil die Laufzeit so interessant ist, Sie wären noch 18. Einige unter uns sind ja schon etwas über 18, aber nehmen wir mal an, Sie wären noch 18, und Sie würden diese 500 Euro monatlich zusätzlich verdienen und zurücklegen, dann haben Sie mit 65 daraus 15 Millionen gemacht.

Sie können also mit ganz einfachen Mitteln, ohne auf etwas zu verzichten, ein unglaubliches Vermögen seriös und legal schaffen. Lassen Sie mich noch ein Beispiel sagen. Stellen Sie sich vor, Sie erben von der Oma 5.000 Euro. Sie überlegen, ob Sie davon nach Hawaii fliegen, oder ob Sie das Dach decken lassen. Man will das Geld ja sofort wieder anlegen oder ausgeben. Nehmen wir mal an, Sie kämen auf die geniale Idee zu denken, die Oma hat sich das in ihrem Leben so hart erarbeitet, da sollte ich jetzt intelligent mit umgehen, und Sie würden diese 5.000 Euro, die Ihnen ja in den Schoß gefallen sind, anlegen. Wenn Sie das jetzt für Ihr Kind tun würden, dann hätte das mit 65 Jahren 7,5 Millionen, aus dem Erbe der Oma, aus den 5.000 Euro.

Darf ich Sie an die Geschichte von vorhin erinnern, weil genau diese Situation ist von diesen zwei Leuten, die vor 10 Jahren in der Bootsfirma gearbeitet haben. Der Eine hat seinen Marktwert erhöht, hat an sich gearbeitet, hat gelernt, ist ständig gewachsen und ist zu etwas gekommen. Der Andere will gar nicht wissen, wie er das gemacht hat, er will lieber einen Kasten Bier. Das ist die Entscheidung! Und wenn ich diese Entscheidung treffe, dann habe ich das Ergebnis, das ist ganz klar.

Ich habe einmal erlebt, wie alle Menschen finanziell gleich gemacht wurden, 1948 war das, da bekamen wir alle 40 Mark, aber schon ein paar Tage später hatten die einen die 40 Mark ausgegeben, und die anderen hatten ein paar hundert Mark, die hatten gesammelt. Es wird sofort wieder diesen Unterschied geben, und deswegen funktioniert ja auch Kommunismus oder Sozialismus nicht, weil es davon ausgeht, die Menschen gleich zu machen, aber die Menschen sind nicht gleich. Es gibt sofort wieder diese Unterschiede.

Das Problem liegt woanders. Es liegt darin, dass wir entweder sagen, also, das kann ich mir nicht vorstellen. Sie brauchen es sich ja nicht vorstellen, Sie brauchen es ja nur tun, oder sich informieren lassen, wie man es macht. Ich habe ja nichts davon, wenn Sie es tun, ich bekomme keine Provision dafür.

Die andere Schwierigkeit ist, dass Sie sagen, ich glaube schon, dass das geht, aber … wissen Sie, ich bin jetzt zwischen 19 und 25, also in dem Alter kann man ja noch nicht sparen, ich stehe ja beruflich noch ganz am Anfang, ich brauche noch ganz dringend mein Geld, ich muss noch mein Auto abzahlen, ich habe sogar noch Schulden. Und zwischen 25 und 35 sagen Sie, jetzt habe ich gerade eine Familie gegründet, wir haben 2 Kinder, gerade am Anfang machen die hohe Kosten, jetzt kann ich nichts sparen. Und mit 35 bis 45 sagen Sie, wie kann ich investieren, ich habe mich jetzt gerade selbstständig gemacht, jetzt brauchen wir jeden Euro in der Firma. Und mit 45 bis 55 sagen Sie, meine beiden Kinder studieren jetzt, das braucht alles, was ich jetzt habe, im Moment geht sparen gar nicht. Und mit 55 bis 65 sagen Sie, ich weiß, dass ich investieren sollte, aber für einen Mann in meinem Alter ist es schwer auf einen grünen Zweig zu kommen. Und über 65 sagen Sie, ja nun ist es sowieso zu spät, jetzt bin ich in Rente, jetzt habe ich ja kein Einkommen mehr.

Das heißt: Egal in welchem Alter wir sind, wir finden eine Entschuldigung dafür, es nicht zu tun. Und das ist so ziemlich das Schlimmste, was uns passieren kann, dass wir Entschuldigungen finden. Denn Entschuldigungen schaffen kein Vermögen. Entschuldigungen zahlen nicht unsere Hypotheken ab, Entschuldigungen lösen nicht unsere Schulden auf. Was zählt sind Ergebnisse, Fakten, und was ich Ihnen gesagt habe, das sind Fakten.

Es macht mich immer wieder ein bisschen traurig, zu sehen, wie manche Menschen mit ihren Chancen im Leben umgehen. Wenn Leute mit dem Kopf schütteln und nicht glauben, dass es sein kann, anstatt Dinge nachzuprüfen, sich zu informieren und zu sehen, dass es so ist. Aber für viele hat das eben die innere Dimension überschritten, Sie sind nicht gewohnt, in Millionen zu denken und von daher schaltet es irgendwo ab.

Vielleicht zu Ihrer Information vorab, ich beziehe mich da zum Beispiel auf Tempelten Grofont, der in den letzten 50 Jahren in DM 13,5 % gemacht hat und in US$ 16,2% glaube ich, und das über 50 Jahre. Oder der Pionier II, der hat über 70 Jahre diese Ergebnisse erreicht, das heißt, da war ein Weltkrieg dazwischen, in dem die halbe Welt zerstört wurde, da war der Golfkrieg, Aktiencrash, da war alles mögliche passiert, in sehr unruhigen Zeiten, und trotzdem wurden diese Ergebnisse erzielt. Mein Ziel ist jedenfalls, dass Sie am Ende Ihres Lebens die Entschuldigung, dass Sie es nicht gewusst haben, nicht mehr haben.

Wenn Ihnen die vielen Millionen, über die wir eben gesprochen haben, zuviel sind, dann lassen Sie sich doch mal jetzt als erstes Ziel eine Million setzen. Und die unter uns, die schon eine Million haben, die sagen, so viel möchte ich nicht verlieren, die können ja dann 10 Millionen nehmen, oder 20, oder 50. Sagen wir einfach einmal, ich möchte erreichen, dass das Ergebnis des heutigen Seminars Ihnen die Chance bietet, dass Sie Ihr derzeitiges Vermögen mindestens verzehnfachen. Sie können es auch verzwanzig- oder verdreißigfachen. Das braucht nur etwas Zeit.

Und wenn wir diese Möglichkeit im Bewusstsein haben, dann sollten wir uns jetzt vielleicht ein neues Hobby zulegen, und sollten Zukunftsdesigner werden, Lebensarchitekt. Das heißt, ganz bewusst unser Leben gestallten, einen Plan machen, wie ein Architekt ein Haus baut, da hat man zuerst eine Idee – ich hätte gerne ein Haus, oder eine Million, oder Erfüllung in diesem Leben …

Der erste Schritt ist also, ich muss für mich definieren, was bedeutet überhaupt für mich Erfolg? Für den einen mag es der Erfolg sein, wenn er seinen Traum vom eigenen Häuschen verwirklicht. Und der andere sagt, für mich ist es ein Erfolg, wenn ich bis 100 gesund bin. Und wieder ein anderer sagt, Hauptsache ich bin mit meinem Partner glücklich. Und ein anderer meint vielleicht alles das zusammen. Und der nächste findet die geistige Entwicklung noch wichtig, ein immer klareres, erhobenes Bewusstsein zu haben.

Aber Sie können vom Leben alles haben. Das wichtige ist, dass Sie sich entscheiden, was darf es denn sein. Das Leben macht es nämlich wie in der Metzgerei. Wenn Sie da sagen, ich hätte gerne 100g von der Salami, dann fragt die meistens hinterher: Darf es ein bisschen mehr sein? Und so macht das Leben das auch. Sie können ruhig etwas mehr haben.

Also, worüber wir hier sprechen, das sind seriöse, anfassbare, nachprüfbare Chancen. Und soweit es die Erfolgsgesetze betrifft, ist es 10.000-fach erprobt. Das funktioniert einfach, das sind die Gesetzmäßigkeiten, die einen Erfolg unvermeidbar machen. Aber natürlich muss es noch getan werden. Ich zeige nur wie es geht, ich mache es nicht für Sie. Und wenn Sie dann Lebensarchitekt sind, …

Teilnehmer(in):   Ich muss ganz dringend noch etwas fragen. Ich warte die ganze Zeit darauf, Sie haben das wunderbar erklärt, wie man es macht, was man denkt, wie man lebt, und ich höre immer „aber das dauert seine Zeit, Sie müssen ganz in Ruhe abwarten" …

Kurt Tepperwein: Sie sind der Schöpfer. Was Sie glauben, wie lange es dauert, so lange dauert es. Sie können es sofort haben, oder in 10 Jahren, oder am Ende Ihres Lebens, oder nie. Das gehört mit zu dieser inneren Dimension. Ihre innere Dimension bestimmt wie viel und wann, oder, wenn das leichter verständlich ist, Ihre Überzeugung, Ihr Glaube. Sie sind der Schöpfer.

Niemand kann Ihnen Vorschriften machen, wie etwas geht und wie lange etwas dauert. Das ist Ihre Entscheidung. Das Leben wartet auf Ihre Anweisung. Wenn Sie aber glauben, nach dem Motto „Gut Ding will Weile haben", das sind auch solche Glaubenssätze, dann unterstellen wir einfach, eine größere Sache braucht nun mal seine Zeit. Und im gleichen Augenblick wo ich davon überzeugt bin, habe ich auch noch Recht, aber es müsste nicht sein. Alles könnte auch sehr schnell gehen.

Aber wichtig ist ja zunächst einmal, dass es überhaupt geht. Und obwohl wir am Ende des Seminars sind, sind wir noch immer am Anfang zu klären, zu definieren: Was genau will ich eigentlich? Was muss denn in meinem Leben passieren, dass ich am Ende sagen kann: Jetzt war ich erfolgreich? Und das wird bei jedem anders ausfallen, zum Glück, und so sollte das auch sein. Und vielleicht, wenn Sie die Erfüllung in einer sozialen Tätigkeit finden, dann werden Sie möglicherweise nie Millionärin, aber Sie werden vielleicht viel reicher, als all die anderen, die zu Geld gekommen sind.

Wichtig ist, dass ich weiß: Ich kann vom Leben haben, was ich will. Das einzige, was das Leben dafür verlangt, ist, dass ich ihm sage, was ich denn eigentlich will. Und das ist das, wozu ich Sie immer dränge: Entscheiden Sie sich, denn bevor Sie sich nicht entschieden haben, kann es nicht beginnen. Entscheiden Sie sich hier!

Und es beginnt immer am Leichtesten mit dem Negativen. Machen Sie eine Liste, was Sie an Ihrem Leben stört, und da wird Ihnen wahrscheinlich einiges einfallen. Oder, wenn Sie sagen, es stört mich nichts, dann schrauben Sie es ein bisschen runter und fragen: Was ist nicht optimal. Machen Sie diese Liste so lang wie möglich, es können ruhig 100 Positionen werden, oder 300, wenn Sie wollen, es ist ganz gleich.

Und sobald Sie die gemacht haben, und wenn Sie Wochen dafür brauchen, nehmen Sie sich ein zweites Blatt Papier und übersetzen jeden einzelnen der Punkte in „wie hätte ich es denn gerne". Überschreiben Sie also die Liste, was Sie in Ihrem Leben stört, in eine zweite Liste, wie Sie es gerne hätten. Dann haben Sie die Voraussetzungen für Ihren persönlichen Erfolg geschaffen. Sie haben dem Leben eine klare Antwort gegeben, was Sie eigentlich wollen.

Und dann sind die Schritte einfach! Denn dann brauchen Sie es sich nur noch vorstellen, also die Form schaffen, es in Besitz nehmen, die Form also erfüllen, und Loslassen mit Dankbarkeit und Freude – bestellt, gesät, verursacht, erledigt. Danke, das war es.

Und wenn dann der eine oder andere Verstand sich meldet und sagt: Ja, wenn das so einfach wäre, dann könnte ja jeder, dann brauchte man ja nur noch.., wo kämen wir denn da hin, wenn das alle machen würden?

Ja, wo kämen wir denn hin, wenn keiner nachschaute, wo wir denn hinkämen, wenn endlich mal einer ginge! Und zu diesem Hobby des Lebensarchitekten gehört auch, sich bewusst zu machen: Wer oder was spielt derzeit in Ihrem Leben die Hauptrolle? Und wenn das nicht Sie sind, dann stimmt da irgendwas nicht, denn es ist Ihr Leben. Und in Ihrem Leben sollten Sie die Hauptrolle spielen!

Also gehört zum Erfolg auch die Definition: Was müsste sich denn jetzt in meinem Leben ändern, damit ich in meinem Leben die Hauptrolle spiele? Und wenn auch das gelöst ist, dann noch Ihr Wunschtraum. Denn Erfolg ohne Erfüllung ist kein wahrer Erfolg. Das heißt also, ich sollte mich wieder trauen, meinen Traum zu träumen, aber dann diesen Traum auch zu verwirklichen. Oder, noch konkreter gesagt: Was müsste geschehen, damit ich märchenhaft lebe?

Teilnehmer(in): Dass es interessant bleibt und nicht eintönig wird.

Kurt Tepperwein: Genau, dass es interessant bleibt, dass was los ist, dass es nicht eintönig wird. Mit einem Wort, dass es mir entspricht, dass es mich erfüllt, dass ich mich auf jeden Tag freue. Das habe ich zum Beispiel in meinem Leben verwirklicht, dass ich immer, wenn ich an einem Abend müde bin, wie heute Abend, wenn ich nach Hause fahre, freue ich mich schon auf morgen, weil ich weiß, dass morgen wieder ein interessanter Tag wartet, ich habe schon wieder einige Punkte, die ich morgen machen werde. Aber das könnte manchen verführen morgen zu leben.

Deswegen prüfen Sie einmal, was haben Sie denn heute getan? Was hat sich für Sie heute, hier geändert? Sie müssen es mir nicht sagen, Sie sollten es sich nur beantworten. Hat sich denn was getan? Haben Sie etwas losgelassen? Haben Sie etwas erkannt? Haben Sie etwas verursacht? Können Sie von hier nach Hause gehen und als neuer Mensch in ein neues Leben treten?

Die Chance hätten Sie, haben Sie noch immer, nämlich

Die Tagesrückschau

Ich erkenne:

Das Außen ist ein Spiegelbild meiner Innenwelt. Denn mein Verhalten gestaltet meine Verhältnisse. Gefällt mir außen etwas nicht, ist in mir etwas nicht in Ordnung, und nur dort kann ich es ändern.

Jeden Abend lasse ich den Tag noch einmal vor meinem geistigen Auge vorüberziehen und frage mich:

Was habe ich heute gesagt und getan?

Was davon war wichtig, was unwichtig?

Was wollte ich erreichen, was habe ich erreicht?

Was war so richtig, was war falsch?

Wie hätte es richtig sein sollen?

(Mental umerleben und zu einem „imaginären Erfolgs-erlebnis" machen)

Auch falsche Gefühle müssen korrigiert werden.

Psychohygiene:

Ich versöhne mich mit allen Menschen, damit ich mit ihnen in Harmonie bin. Ich versöhne mich vor allem mit mir und nehme mich so an, wie ich derzeit noch bin, aber ich bemühe mich, so zu werden und zu sein, wie ich sein sollte. Ich distanziere mich bewusst von allem Negativen, wende mich innerlich ganz dem Positiven zu und bejahe es. Ich erkenne bewusst, wie viel Grund ich habe, glücklich zu sein und ich bin dankbar dafür!

Vor dem Einschlafen lasse ich bewusst den Tag los, nachdem ich ihn so „bereinigt" habe, und ich freue mich auf einen neuen Tag, auf morgen!

als Gewinner hier raus zu gehen und zu wissen, ab jetzt beginnt dieses faszinierende Spiel Leben, in dem ich jedes Ziel erreiche, in dem ich aus allem, was ich anfange, einen Erfolg mache. Und wenn es noch irgendeine Schwierigkeit gibt, dann sagen Sie es.

Und zum Lebensarchitekt gehört auch, dass Sie sich einmal Ihr Leben anschauen, Ihre bisherige Biografie, denn in jeder Biografie ist so ein roter Faden verborgen. Und diesen Faden aufnehmen und verwirklichen, auch das wäre noch ein interessantes Ergebnis.

Und bei all dem brauchen wir eine Fähigkeit, die nur wenige Menschen haben, nämlich Führen lernen. Ich habe das Jahrzehnte in der Praxis erlebt, ganz gleich in welcher, dass die Menschen nicht in der Lage sind, auch nur ein Gespräch zu führen. Sie kommen immer wieder ab. Wenn ich jemanden fragte: „Was kann ich für Sie tun?", dann fing der an und sagte: „Wissen Sie, ich habe da solche Schwierigkeiten. Das war vorigen Freitag, da ist mir, ... ne, das war Donnerstag, weil ich kam ja von Nürnberg,.. ne, das war doch Freitag, weil da war der Fritz schon bei mir. Also, Freitag war es, so um 4 Uhr oder halb 5, kann 4 Uhr gewesen sein, weil um 4 Uhr komme ich immer … Der erzählt lauter nebensächliches Zeug, dass ich immer sage: Um was geht es jetzt konkret? Und im nächsten Augenblick ist er wieder seitlich im Gebüsch und erzählt wieder, was da irgendwo passiert ist, und ich setzte ihn immer wieder auf den Weg zurück.

Sie können nicht einmal ein Gespräch führen, wie kann so jemand ein Leben führen? Eine Firma? Eine Partnerschaft? Eine Beziehung? Das heißt, alles will geführt werden, und führen heißt, ich brauche ein Ziel. Ich muss ja wissen, wo ich es hin führe.

Bei so etwas unwichtigem wie dem Autofahren, weiß jeder,

wo er hin will. Fragen Sie mal die Autofahrer: Der sagt, ich komme von da und will nach da. Aber wenn Sie jemanden fragen, wohin leben Sie? Wo wollen Sie am Ende Ihres Lebens stehen? Dann kommen Verlegenheitsantworten und das meine ich damit, dass wir lernen zu Führen. Und wir sollten wirklich anfangen mit dem Führen, indem wir mal ein Gespräch führen.

Ich erinnere mich zum Beispiel – ich habe eine Nachbarin gehabt, die hat jeden Tag, wenn sie mich im Garten gesehen hat, angesprochen, und ich war immer wieder im Garten, also hat sie mich jeden Tag erwischt. Dann sagte sie: ,Herr Tepperwein, gestern Nacht, die Gallensteine, sie können sich das nicht vorstellen, ich habe den Notarzt gerufen, der hat mir zwei Spritzen gegeben, der hat gesagt, so etwas gibt es gar nicht und nach zwei Stunden hatte ich noch immer …' Und dann habe ich irgendwann gefragt: ,Warum erzählen Sie mir das?' ,Ja,' sagt sie, ,mein Gott, man wird sich doch mal unterhalten dürfen!' Und dann habe ich gesagt: ,Nein, so was unterhält mich überhaupt nicht.' Und dann war sie beleidigt, aber sie hat ihre Lektion gelernt.

Beim nächsten Mal kam sie wieder und meinte: ,Herr Tepperwein, … – ach so, mit Ihnen darf man ja über so was nicht reden …' Wir sind heute noch Freunde, nach 30 Jahren. Sie hat dadurch gelernt, mit mir über etwas Wesentliches zu reden. Sie wusste, da kann man nicht einfach nur irgendwas reden, sondern es muss irgendwo hin führen, es muss irgend einen Inhalt haben.

Prüfen Sie einmal, wenn Sie etwas sagen, warum Sie das sagen. Was beabsichtige ich damit? Und, kann ich das damit erreichen, mit dem, was ich sage? Dann werden Sie meistens feststellen: Erstens weiß ich nicht genau, warum ich das sage und wenn ich es weiß, so glaube ich, so kann man das nicht erreichen. Man rät halt.

Manche sind ja da noch schlimmer dran. Ich kenne jemanden, der sagt: „Woher soll ich wissen, was ich denke, bevor ich gehört habe, was ich sage?" Also, wenn wir Erfolg haben wollen, müssen wir anfangen zu Führen. Und Führen heißt, ich brauche ein Ziel. Das heißt, man muss tatsächlich auch erst wünschen lernen. Viele Menschen wünschen sich etwas falsches und merken erst hinterher, was Sie angerichtet haben.

Vielleicht wieder eine kleine Geschichte, die mir am besten vor Augen führt, wie man in einer glücklichen Situation alles vermasseln kann. Ich denke an den Mann mit der verkrüppelten Hand. Sie kennen die Geschichte ja schon. Und eines Tages kommt eine Fee und sagt: ‚Weil du so ein goldiges Kerlchen bist, hast du drei Wünsche frei', und verschwand. Und der Mann, Realist, mit beiden Beinen im Leben, sagt: ‚Ach, Feen gibt es gar nicht, das war eine Halluzination, und drei Wünsche, so etwas gibt es nur im Märchen. Wenn das stimmen würde, dann könnte ich ja jetzt zu dem Baum da drüben sagen: ‚fall' um" und krach, fiel der Baum um. Und dann erschrak er und dachte: ‚Donnerwetter, das klappt ja wirklich!'.

Und da fiel sein Blick auf seine Hand und er dachte: ‚Oh, das sollte ich ändern. Ich möchte, dass meine eine Hand ist, wie die andere'. Zack, war die eine auch verkrüppelt. Sagt er: ‚Nein, so doch nicht, andersrum' und zack, waren die falsch herum. Und dann waren die Wünsche vorbei.

Das heißt also, nehmen Sie jetzt einmal einen Wunsch auf den Prüfstand, irgendeinen im Leben, und wir nennen es nicht mehr Wunsch, sondern Absicht, weil Sie diese Absicht ja verwirklichen. Sie brauchen nicht mehr wünschen und hoffen. Nehmen Sie mal eine konkrete Lebensabsicht, das braucht keine ganz große zu sein, irgendeine, und dann prüfen Sie diese Absicht: Warum will ich das? Was verspreche ich mir davon? Was will ich damit erreichen? Wenn ich diese Absicht verwirklicht habe, bin ich dann weiter als jetzt?

Und dann werden Sie in der Mehrzahl der Fälle feststellen, das bringt Sie gar nicht weiter. Also können Sie diese Absicht loslassen. Und Sie werden sehr schnell Ihre Absichten durchforsten und erkennen, das bringt mir ja eigentlich nichts. Was ich eigentlich will, ist ja etwas ganz anderes, und jetzt erkennen Sie so das Ziel hinter dem Ziel, den Wunsch hinter dem Wunsch. Was will ich eigentlich erreichen im Leben?

Und dann kommt die zweite Frage. Wenn ich meinen derzeitigen Weg fortsetze, erreiche ich dann das, was ich will? Und wieder werden Sie in den meisten Fällen feststellen, nein, dieser Weg führt nicht zu diesem Ziel. Und dann können Sie erst einmal sicher sein, dass Sie auf dem richtigen Weg sind, und dass Sie dem richtigen Ziel zustreben, ein Ziel, das Sie vorher anprobiert haben. Ein Ziel, in dem Sie sich wohl fühlen, das Ihnen Erfüllung gibt.

Und auf diesem Weg sollten Sie das Geheimnis des ersten Eindrucks beherrschen. Machen Sie sich bewusst, dass sich jeder Mensch von Ihnen, ob er will oder nicht, in den ersten sieben Sekunden seinen ersten Eindruck verschafft. Und wenn dieser erste Eindruck negativ ist, brauchen Sie oft Jahre, um das wieder los zu werden.

Sorgen Sie also dafür, dass die ersten sieben Sekunden stimmen. Sie wissen, wie man das macht. Ich erinnere Sie noch mal daran, indem Sie wenigstens in den ersten sieben Sekunden sympathisch sind. Also, gleich noch einmal praktisch vollziehen, ich bin sympathisch, indem ich den anderen sympathisch finde, indem ich ihn mag und ihm das sage. Nehmen Sie gerade einmal jemanden aus Ihrem Bekanntenkreis, der muss gar nicht hier sein, nehmen Sie den ins Bewusstsein und entdecken Sie an ihm etwas Bewundernswertes, etwas Sympathisches. Wenn es geht, zwei, drei Dinge. Wie lange brauchen Sie? Sind Sie noch immer dran? Sekunden! Es sollte eigentlich sofort da sein.

Und zur Verstärkung Ihres Erfolges möchte ich Ihnen noch einen Weg nennen, der mir im Leben sehr viel gebracht hat: Ich nenne es ‚das Geheimnis des Hangelns‘. Hangeln heißt, Sie können irgendwo, wenn Sie irgendwas brauchen, den nächst Besten fragen, mit großer Wahrscheinlichkeit kann der Ihnen keine brauchbare Antwort geben, aber er kennt jemanden, der Ihnen möglicherweise weiterhelfen kann, oder er kennt nicht mal einen, aber er sagt, du, spreche doch mal mit deinem Friseur oder.. Er gibt Ihnen auf jeden Fall irgendeinen Rat, wenn Sie dran bleiben.

Ich sage Ihnen ein Beispiel. Ich war ein junger Mann und habe damals ein Abenteuer gemacht, ich bin aus meiner Stadt weggegangen, hab' mir meine Zahnbürste umgehängt, 100 Mark eingesteckt, und habe ein neues Leben begonnen. Wenn man jung ist, dann kann man das mal machen, ich habe es zweimal gemacht, ich fand es faszinierend, ich bin einfach mal eine Stunde oder zwei gefahren und ich wusste nicht, wo ich lande. Und dann habe ich langsam mal geguckt, wo ich bin, und dann war ich in Essen, im Ruhrgebiet, gelandet. Und dann bin ich da rum gefahren, es wurde langsam dämmrig, und ich habe mich gefragt, wo wohne ich denn hier?

Ich fuhr weiter und kam an einen kleinen Platz, Sackgasse, und da habe ich gedacht, ja, hier wohne ich. Da war so ein kleines Milchgeschäft, die gab es damals noch, und dann habe ich dort gesagt, ich suche hier ein Zimmer. Oh, da werden Sie es hier schwer haben. Hier die Leute, die kenne ich alle, die wohnen seit 20 Jahren da, da vermietet keiner. Ich sagte, doch, ich weiß, dass ich hier wohne. Ne, sagte der, da wüsste ich wirklich nichts. Doch, sagte ich, wo könnte ich denn mal fragen? Vielleicht fragen Sie mal da drüben, in der ersten Etage, da wohnt eine Witwe mit ihrer Tochter, der Mann ist vor zwei Jahren gestorben. Die haben eine 5-Zimmer-Wohnung, Platz hätten die, aber ich glaube nicht, dass die vermieten. Also bin ich dort hingegangen.

Da machte die Tochter auf, ich dachte, das war schon mal ein guter Anfang, die gefiel mir. Gut, ein Zimmer haben die mir nicht vermietet, und wieder habe ich gefragt und sie sagte, gehen Sie doch mal da drüben, in der vierten Etage, da ist der Sohn vor einem halben Jahr bei einem Gruben-unglück ums Leben gekommen. Ich glaube nicht, dass die vermieten, aber ich wüsste sonst niemand. Und dann bin ich dort hingegangen und da kam ein leidgeprüfter Vater an die Tür, und ich habe gefragt, und der sagt, nein, wir vermieten nicht, tut mir leid.

Ich fragte weiter nach, aber er meinte, er könne mir nicht helfen, und ich wollte gerade gehen, da war seine Frau hinter ihn getreten und schaute ihm so über die Schulter, und schaute mich an und sagte, kommen Sie doch mal rein. Und eine halbe Stunde später war ich der verlorene Sohn, hatte das Zimmer, die Kleider passten mir, er hatte die richtige Schuhgröße, sie machte mir die Bratkartoffeln, die sie gerne ihrem Sohn gemacht hätte, und alle waren glücklich.

Und ich habe weiter gehangelt, aber das würde jetzt zu lange dauern, das zu erzählen. Ich will nur sagen: Sie kön-nen irgendwo anfangen und auch, wenn der andere sagt, ‚nein, ich wüsste Ihnen nicht zu helfen‘, bleiben Sie dran, bis er Ihnen irgendeinen Tipp gibt. Und jetzt geschieht ein Wunder.

Ich habe es im Leben nie geschafft, mehr als sieben Hangelstationen zu brauchen, um am Ziel zu sein. Meistens waren es nur drei oder vier. Und Sie können auf der Strasse jemand Fremdes anhalten und fragen. Ich habe es ausprobiert – Sie werden nie mehr als sieben Mal fragen, und Sie sind am Ziel. Das ist doch eine phantastische Sache, so einfach, kostet nichts, alles was Sie dazu brauchen, haben Sie immer bei sich. Also sollten wir es tun.

Schauen wir jetzt noch einmal einen Moment zurück. Wo sehen Sie jetzt noch eine Schwierigkeit für Ihren persönlichen Erfolg? Welches Hindernis könnte auftreten? In welche Situation könnten Sie geraten, wo Sie sagen: Oh, jetzt weiß ich nicht weiter? Denken Sie sich einmal ein Hindernis aus und wir lösen es gleich hier.

Teilnehmer(in): Ich habe noch ein Problem. Ich weiß nicht, ob ich mehrere Dinge auf einmal wünschen darf.

Kurt Tepperwein: Die Antwort ist wieder die gleiche. Bitte hören Sie auf zu dürfen. Sie sind der Chef. Sie sind der Schöpfer. Wenn Sie drei Dinge gleichzeitig verursachen, werden drei Dinge gleichzeitig kommen.

Teilnehmer(in): *Meine Frage ist: Wie kann ich loslassen? Oder bewusst an etwas nicht mehr denken?*

Kurt Tepperwein: Wir haben vorhin eine Technik miteinander gemacht, wie man loslässt, und diese Technik funktioniert. Sie brauchen es nur ausprobieren – und dann lassen Sie los! Und wenn Sie an etwas nicht denken wollen, das geht nicht, aber Sie können an was denken, was Sie wollen. Denken Sie mal nicht an einen weißen Elefanten, und schon denken Sie genau daran. Aber denken Sie doch das, was Sie wollen.

Denn wenn Sie das denken, was Sie wollen, können Sie nicht mehr das denken, was Sie nicht denken wollen. Das heißt, erfüllen Sie Ihr Bewusstsein, Ihren Verstand, mit einem Gedanken, der Ihnen wichtig ist. Denn Ihr Verstand hat eine Schwäche, und die können Sie so zur Stärke machen: Der Verstand kann immer nur einen Gedanken gleichzeitig denken. Und wenn das ein positiver, ein hilfreicher, ein zielgerichteter Gedanke ist, dann können Sie nicht gleichzeitig etwas anderes denken.

Und jetzt noch einmal zum Gesetz der Resonanz. Werden Sie jetzt einmal Ihr eigener Beobachter, werden Sie sich Ihrer selbst bewusst, beobachten Sie sich einmal selbst. Fangen wir mit etwas ganz einfachem an, ohne es zu verändern: Beobachten Sie jetzt einmal Ihren Atem. Das heißt, schauen Sie sich einmal beim Atmen zu. Nicht extra schön atmen, oder tief, oder gleichmäßig, nein, sondern einfach nur zuschauen, wie atme ich gerade, und sich das in Worten bewusst machen, wie zu flach, unregelmäßig, zu schnell, oder wie auch immer, oder ruhig, gleichmäßig.

Es geht darum, dass Sie lernen, sich zu beobachten, dass Sie sich gewissermaßen neben sich stellen und sich einmal beim Leben zuschauen. Und gleich die nächste Frage: Beobachten Sie einmal Ihre Haltung, verändern Sie nicht Ihre Haltung, bleiben Sie genau in der Haltung, wie Sie gerade sind, und prüfen Sie einmal: In welcher Haltung bin ich? Bin ich jetzt locker, gelöst, oder verspannt, oder schräg, oder wie?

Und jetzt gehen wir einen Schritt weiter: Jetzt optimieren Sie einmal Ihre Haltung, nicht dekorativ hinsetzen, sondern so, wie Sie gerne sitzen möchten. Probieren Sie einmal für Sie stimmig zu sitzen. Das heißt, der erste Schritt ist: Ich muss mich erst einmal beobachten, ohne das Beobachtete zu verändern. Und im zweiten Schritt, nachdem ich jetzt Beobachter bin, das, was ich beobachte, optimieren.

Und jetzt wird es ein bisschen schwieriger. Beobachten Sie sich einmal, was Sie gerade jetzt ausstrahlen. Stellen Sie sich vor, Sie sind ein Sender. Sie sind 24 Stunden am Tag auf Sendung, und jede Sekunde ist eine Bestellung. Also, jede Frequenz, jeder Gedanke, der rausgeht, jedes Gefühl, ist eine Bestellung. Wollen Sie das haben, was Sie gerade jetzt bestellen? Oder möchten Sie sich das ersparen?

Das können Sie natürlich. Gehen Sie jetzt einmal so auf Sendung, dass das Ergebnis nur erstrebenswert sein kann. Also machen Sie sich einmal bewusst: Ich bin ein Gewinner! Ich weiß es jetzt wieder, ich hatte es nur vergessen, aber ich habe mich heute wieder daran erinnert: Ich bin ein Gewinner! Ich kann vom Leben alles haben. Ich brauche mir nur bewusst machen was ich haben will. Und in dieser Frequenz gehe ich einmal auf Sendung.

Beginnen wir noch einmal mit der Sympathie, seien Sie noch mal sympathisch, weil Sie das ja jetzt schon können sollten – nein, schon noch ein bisschen sympathischer. Energetisch. Seien Sie einmal so, dass Sie ein Geschenk sind für jeden, der das Glück hat, Ihnen zu begegnen. Ja, trauen Sie sich doch mal! Sie sind einmalig! Sie sind etwas ganz Besonderes, seien Sie etwas ganz Besonderes.

Bei vielen ist das noch steigerungsfähig, die zieren sich, trauen sich noch nicht richtig sympathisch zu sein. Das ist nichts schlechtes, das darf man, das ist jugendfrei, das ist erlaubt, das ist völlig legal, trauen Sie sich ruhig sympathisch zu sein. Es geht darum, dass Sie bewusst Ihre Energie verändern.

Gehen wir noch einen Schritt weiter. Seien Sie jetzt nicht

nur sympathisch, fügen Sie einmal „erfolgreich" hinzu. Seien Sie einmal sympathisch und erfolgreich. Das tut gut, oder? Sie wissen gar nicht, was Sie jetzt gerade tun! Sie sind gerade dabei, Ihren Erfolg wirklich absolut unvermeidbar zu machen, indem Sie nämlich Ihre energetische Signatur bewusst verändern. Denn das sind die Dauerbestellungen, die unbewusst rausgehen, die das verursachen, was Sie hinterher nicht haben wollen. Und indem Sie sich das bewusst machen, ich bin von Natur aus ein Gewinner!

Oder gehen Sie einmal in die Energie: Jeder, der mir begegnet, ist mein Freund. Wenn Sie in dieser Energie bleiben, werden Sie in nächster Zeit unglaublich viele neue Freunde gewinnen. Und das Verblüffende daran wird sein, es werden welche darunter sein, die Sie schon viele Jahre kennen. Denn, wenn Sie sich verändern, rufen Sie im Anderen etwas anderes hervor.

Diese Energiearbeit zum Erfolg sollten wir noch ein bisschen umfassender gestallten. Gehen Sie jetzt einmal in die Energie von Klarheit, erfüllen Sie sich einmal mit einem absolut klaren Bewusstsein. Stellen Sie sich vor, Sie haben einfach den Durchblick, Sie schauen hin und wissen, Sie sehen klar.

Und jetzt fassen wir das mal zusammen, machen Sie jetzt mal einen bestimmten Eindruck. Der besteht aus vielen Komponenten. Sagen wir mal, wirken Sie einmal kompetent, nicht auf ein Gebiet spezialisiert, sondern denken Sie einfach einmal, Sie sind die weltbeste Kapazität auf einem Gebiet. Mit dieser Energie verursachen Sie Schicksal!

Oder machen Sie einmal einen zuverlässigen Eindruck, nicht im Außen durch eine Haltung, sondern energetisch. Strahlen Sie einmal energetisch Zuverlässigkeit aus. Sie brauchen nur Ihre Aufmerksamkeit darauf richten. ‚Auf mich kann man sich verlassen, wenn ich was sage' – ab-

Die Gesetze des Erfolgs

Das unfehlbare Erfolgs-System:

Erfolg ist etwas, das „er-folgt"! Es heißt nicht er-schaff, oder erzwing, oder er-renn. Auch nicht er-kämpf, er-tu, oder er-bitte. Ganz gleich WAS Sie tun, immer „er-folgt" etwas.

Dabei entspricht das, was erfolgt, immer der Ursache, aber nicht immer der Absicht.

Sie können nur soviel Erfolg verursachen, wie Sie DEN-KEN und GLAUBEN können.

JEDER bekommt vom Leben das, was er verursacht, nicht mehr, nicht weniger und nichts anderes.

Es gibt weder unverdientes Glück, noch unverdientes Leid, sondern nur Ursache und Wirkung.

JEDER ist IMMER zu 100 % erfolgreich. Es erfolgt aber nicht das, was ich dringend brauche, oder haben will, sondern das, was ich VERURSACHE.

Sobald URSACHE und ABSICHT übereinstimmen, MUSS der erwünschte Erfolg eintreten.

Fehler sind hilfreicher als Erfolge. Ein Fehler zeigt zuverlässig, was fehlt. Jeder Fehler ist immer eine Chance, es beim nächsten Mal besser zu machen.

Harte Arbeit ist KEINE Ursache für Erfolg. Sie sollten daher „nie mehr arbeiten', aber dafür „bezahlten Urlaub für immer" haben. Ihre Einstellung entscheidet, ob Sie „arbeiten' oder ihre Tätigkeit „Urlaub" (=Freude) ist!

Erfolgreich sein kostet nicht mehr Mühe, als erfolglos zu sein, macht aber VIEL mehr Spaß und Freude.

Bevor jemand etwas unternimmt, steht fest, wie es ausgeht.

Mangel und Knappheit ist nur eine Vorstellung des Verstandes. Tatsache ist, dass Sie jede beliebige Menge von allem jederzeit „in Erscheinung treten lassen können. Realität ist bereit, ALLES hervorzubringen, wenn Sie es VERURSACHEN.

Wenn Sie unbedingt verzichten wollen, dann verzichten Sie auf das Verzichten und bemühen Sie sich nur noch, sich nicht mehr zu bemühen.

Selbst bei gleichen Zielen ergeben sich durch die unterschiedlichen Standpunkte unterschiedliche Wege.

Oft **kann** der gewählte Weg gar nicht zum beabsichtigten Ziel führen.

Vor dem Start muss der Weg und das Ziel in Einklang gebracht werden:

WEG   ZIEL

„Um zur Quelle zu kommen,
muss man gegen den Strom schwimmen!"

solut klar: Es geschieht. Das ist Zuverlässigkeit. Und jetzt sagen Sie kein Wort, und jeder weiß, jeder versteht diese Sprache, das ist Zuverlässigkeit, auf den kann ich mich verlassen.

Und jetzt machen Sie nicht nur einen bestimmten Eindruck, rufen Sie einmal in einem Anderen etwas Bestimmtes hervor. Wie man Sympathie hervorruft, haben wir schon gesehen. Rufen wir doch mal ewas anderes hervor: Zustimmung. Gelegentlich braucht man Zustimmung von jemandem. Gehen Sie einmal in die energetische Ausstrahlung, die es braucht um Zustimmung hervor zu rufen.

Vielleicht haben Sie ein bestimmtes Vorhaben. Ich kann Ihnen ein Beispiel sagen. Ich hatte vor vielen Jahren einmal ein Haus, und da wollte ich eine Garage bauen. Ich habe einen Bauantrag gestellt, und das ging sehr schnell, ungefähr drei Wochen später hatte ich einen ablehnenden Bescheid. Nach den Vorschriften muss eine Ausfahrt sechs Meter betragen, und bei Ihnen sind es nur 5,40 Meter, so dass die Genehmigung versagt werden muss.

Natürlich ist ein Nein für einen Erfolgreichen der Anfang der Verhandlung. Also habe ich das nicht akzeptiert, sondern bin hingegangen, und es war ein sehr freundlicher Sachbearbeiter. Damals gab es noch keinen Computer, oder die hatten noch keinen, er zog also die Akte und meinte: ‚Oh, das ist schon erledigt, das ist schon abschlägig beschieden, das sollten Sie eigentlich auch schon haben.‘ Ich sagte: ‚Ja, das habe ich schon, nur das Ergebnis gefällt mir nicht.‘ ‚Ja,‘ sagte er, ‚tut mir leid, aber da können wir leider nichts machen, die gesetzlichen Bestimmungen sind da ganz eindeutig, und die dürfen wir nicht verletzen.‘

Und jetzt habe ich genau das gemacht, was ich gerade von Ihnen verlangt habe, ich habe einmal die Energie ausgestrahlt ‚Zustimmung‘. Zustimmung, Zustimmung,

Zustimmung. Ich habe das eine Minute gemacht, da fing er an zu überlegen und sagte: ‚Also, so können wir das einfach nicht genehmigen, wir müssten vielleicht die Ausfahrt, das gehört ja auch noch zu Ihnen, wenn wir die schräg einzeichnen …'

Ich sage: ‚Das geht nicht, da ist ja Gebüsch.' Da sagt er: ‚Macht nichts, Hauptsache wir zeichnen das schräg ein, dann haben wir da über sechs Meter. Sie könnten das ja wegmachen. Wenn Sie den Antrag so einreichen, dass wir diese sechs Meter überschreiten, dann kann ich das guten Gewissens genehmigen. Ich mache Ihnen die Zeichnung fertig. Gehen Sie davon aus, der Antrag liegt ja noch vor, dass Sie den Antrag bekommen.'

Acht Tage später hatte ich meinen Antrag und die Zustimmung. Sie verursachen damit nicht, dass ein anderer etwas Unkorrektes tut, sondern Sie verursachen damit, dass er in Lösungen denkt. Dass er weiß, hier möchte ich jetzt einen Weg finden. Dass er anfängt nachzudenken, wie er einen Weg finden kann, damit Sie das bekommen, was Sie haben wollen. Und das alles ist abhängig von Ihrer Energie. Sie müssen also lernen, diese Energie ganz bewusst auszustrahlen. Und das ist das Geheimnis der Resonanz, denn was Sie ausstrahlen, das ziehen Sie an.

Teilnehmer(in):   Es gibt so einen schönen Spruch, der heißt auch: Der Christus in mir grüßt den Christus in dir. Auf die Art und Weise kann man dem Gegenüber ja auch einen positiven Eindruck vermitteln, und das kommt dann eben auch zurück

Kurt Tepperwein: Die junge Dame sagte: Der Christus in mir grüßt den Christus in dir. Für manche ist das zu christlich, zu religiös, aber wir sind hier in Bayern. Machen Sie sich einmal bewusst, was es bedeutet, wenn Sie jemandem „Grüß Gott" sagen. Das heißt nämlich eigentlich genau das „ich grüße Gott in dir". Nicht „grüße Gott, wenn du ihn mal siehst", das heißt das nicht, da ist die Chance ja nicht sehr groß, sondern „grüße Gott in dir". Und wenn wir uns dessen wieder bewusst sind, wie viel Respekt wir dann dem anderen wieder entgegenbringen, wie viel Sympathie, wie viel Liebe. Und was wir damit in dem Anderen hervorrufen, das ist unglaublich.

Und das Ganze, was wir gerade machen, das ist das Geheimnis der Resonanz, denn wir ziehen das in unser Leben, was wir ausstrahlen. Dann brauchen wir gar nicht bewusste Ursachen setzen, wir werden zu einer lebendigen Ursache. Und wir können in unser Leben ziehen, was immer wir wollen.

Machen wir das noch einmal praktisch, auch auf die Gefahr hin, dass es wieder einmal jemandem nicht gefällt. Gehen Sie jetzt einmal auf Sendung, und seien Sie gesund. Nicht, werden sie gesund, oder denken, das wird schon heilen, oder das geht sicher weg, das Symptom, nein. Gehen Sie einmal in die Vorstellung: Ich bin vollkommen gesund. Und wenn Sie sagen, ja, aber irgendwo tut es ja weh, da spüre ich ja, dass ich nicht gesund bin, machen Sie sich bewusst: Sie sind Bewusstsein, Sie waren noch nie krank. Sie können gar nicht krank werden. Krank werden kann Ihr Körper. Ich bin Bewusstsein, ich bin heil.

Und wenn ich mich so an mich selbst erinnere, dann kann ich sehr wohl erkennen, ich bin gesund. Und jetzt schlüpfen Sie einmal als dieses Bewusstsein in Ihren Körper, und strahlen Sie dieses „gesund sein", dieses „heil sein" auf Ihren Körper aus. Das heißt, fühlen Sie sich einmal gesund, fühlen Sie sich in Ihrem Körper wohl. Und wenn

Sie das beherrschen und bestehen lassen, muss jedes Symptom verschwinden. Dann interessiert Sie nicht mehr der lateinische Spitzname Ihres Symptoms, sondern Sie können es auflösen.

Bleiben Sie einmal in diesem gesunden Bewusstsein, und machen sich so resonanzfähig für Gesundheit. Und wenn wir schon dabei sind, die anderen Aspekte des Erfolges zu verwirklichen, nicht nur Geld, dann gilt das Gleiche für eine erfüllende Partnerschaft. Gehen Sie einmal in die Energie eines idealen Partners. Und wenn Sie es ernst meinen, fangen Sie einfach an, auch im Außen, ein idealer Partner zu sein. Auch auf die Gefahr hin, dass Ihr Partner, wenn Sie nach Hause kommen, sagt: Was ist denn mit dir los? Du bist so verändert. Du bist so freundlich, stehst du unter Drogen, oder hast du getrunken?

Sonst hat Ihre Frau vielleicht immer gerufen: Schatz, das Essen ist fertig, du kannst meckern kommen. Und jetzt, auf einmal, sind Sie die Freundlichkeit in Person. Und erleben Sie einmal, was mit Ihrem Partner passiert, wenn Sie ein idealer Partner sind. Ich würde Sie ernsthaft bitten, einmal zu prüfen, ob Sie nicht wenigstens heute Abend dieses Experiment machen wollen. Wenn Sie Ihren Partner heute nicht mehr sehen, dann Morgen. Nur einen Tag mal ein idealer Partner sein. Einfach mich immer wieder daran erinnern, in die Energie gehen. Morgen ist Sonntag, Sie haben sonst nichts anderes zu tun, Sie könnten also den ganzen Tag ein idealer Partner sein. Erleben Sie einmal, dass Sie in der Lage sind, in einem Tag ganz bewusst und gezielt ein Wunder hervor zu rufen. Morgen Abend ziehen Sie denn einmal Bilanz, wie Sie Ihren Partner verzaubert und verändert haben. Einfach, indem Sie sich verändern.

Und da sollten wir jetzt noch einen Schritt draufsetzen: Seien Sie jetzt einmal erfolgreich, und zwar nicht nur in einem Aspekt, sondern in allen Aspekten. Beginnen Sie einmal in diesem Augenblick, jetzt, ein erfolgreiches Leben zu leben.

Und machen wir einen letzten Schritt: Stellen Sie sich einmal vor, wie Sie gleich dieses Seminar verlassen, und als neuer Mensch in ein neues Leben treten, gesund, liebevoll, sympathisch, erfolgreich! Verursachen Sie gerade einmal, hier noch, Ihr neues märchenhaftes Leben. Das beginnt schon damit, dass Sie märchenhaft nach Hause fahren, mit dem Auto oder mit dem Zug, das spielt keine Rolle.

Probieren Sie es gerade einmal aus, in der Imagination. Erleben Sie es einmal in Ihrer Vorstellung, wie Sie einfach märchenhaft nach Hause fahren, und wie Sie zu Hause einen märchenhaften Abend verbringen, als idealer Partner. Nicht zu vergessen: auch ein idealer Partner sich selbst, nicht nur für andere. Das heißt, beginnen Sie als wichtigsten Teil des Erfolges, in diesem Augenblick, jetzt, so zu leben, dass Sie sich in sich selbst wohl fühlen. Und dann hören Sie damit nie wieder auf. Das wäre dann der wahre Erfolg, dass Sie nicht nur mehr Geld haben, sondern zum Erfolg gehört Gesundheit, eine erfüllende Partnerschaft, sich jeden Wunsch zu erfüllen, jedes Ziel sicher zu erreichen. Mit einem Wort: Von Leben alles zu bekommen, was Sie haben wollen.

Das wäre schon tatsächlich das Ziel, was ich mir für Sie gewünscht habe, was wir an diesem einen Tag erreichen können. Machen Sie sich bewusst: Erfolg kann man tatsächlich abonnieren, und ein Platz an der Sonnenseite des Lebens wartet auf Sie.

Und wann immer Sie sich wieder einmal anstrengen, denken Sie daran, dass das nur ein Zeichen ist, dass es anders leichter ginge. Denn das Leben meistert man spielend, oder überhaupt nicht.

Die essentiellen Bausteine des Erfolgs

Praktisches KNOW HOW und das richtige BE HOW!

Wenn die essentiellen Bausteine des Erfolgs vorhanden und aktiviert sind und wie ein Puzzle zum Bild des erwünschten Erfolgs zusammengefügt werden, dann wird der persönliche Erfolg „unvermeidbar"!

Die essentiellen Bausteine des Erfolgs:

1) Das optimierte Selbstbild.

2) Ein aktiviertes Wohlstandsbewusstsein.

3) Erfolgsoptimierte transparente Überzeugungen. „Einem jeden geschieht nach seinem Glauben."

4) Die „Innere Dimension" erweitern und die eigenen Grenzen überschreiten.

5) Eine erfolgsorientierte Ausstrahlung. Charisma „ent-wickeln" und eine Erfolgsaura schaffen. Sich so „resonanzfähig" machen für seinen Erfolg.

6) Leben in und aus der Intuition.

7) Entscheidungen damit nicht mehr „fällen', sondern „treffen".

8) Keine Fehler mehr machen, sondern zur rechten Zeit, am rechten Ort, das Richtige tun.

9) „In der Kraft sein" und so nie mehr „auf Batterie' laufen. Wirklich WOLLEN, nicht nur „möchten".

10) Sein „Denkinstrument" wirklich beherrschen. Sein wahres Potential aktivieren und nutzen. Sein Genie wecken. Seine Kreativität so vervielfachen.

11) Nutzen Sie die Technik des „kreativen Denkens" dazu, um zu manifestieren, was immer Sie sich wünschen.

12) Nutzen Sie gelegentliche, scheinbare Misserfolge, als wichtige Botschaften und Wegweiser zum endgültigen Erfolg.

Jeder dieser Bausteine bringt einen Teilerfolg. Das Aktivieren und Zusammenfügen sämtlicher Bausteine zum „Puzzle des Erfolgs" macht Ihren Erfolg „unvermeidbar' und wird Ihr Einkommen in phänomenaler Weise steigern!

Also fangen Sie an zu erkennen, dass das Leben ein Spiel ist, und dieses Spiel wird gespielt, um es zu erleben. Es geht im Leben nicht darum zu gewinnen, obwohl Sie alles haben können. Das ist eigentlich nur ein Nebeneffekt. Worum es wirklich geht ist, das Leben zu genießen. Und das lässt sich als Erfolgreicher natürlich viel, viel leichter verwirklichen.

Also beginnen Sie heute Ihr neues, erfolgreiches Leben, und vielleicht, irgendwann einmal, schreiben Sie mir, oder wir sehen uns in einem Seminar wieder und Sie sagen mir, was am heutigen Tag für Sie entstanden ist. Beginnen Sie in diesem Augenblick, jetzt, Ihr neues, märchenhaftes Leben.

Ich bedanke mich für Ihr Bewusstsein, für Ihr Dasein, für Ihr Zu-sein, alles Gute und viel Freude in dem neuen Leben. Danke sehr!

Schriftliche Ausarbeitung:

Was glauben Sie, was Sie bisher in diesem Leben verdient haben? Stellen Sie das einmal möglichst realistisch fest. Wie viel davon haben Sie übrig behalten? Wie viel Prozent haben Sie wirklich behalten und noch zur freien Verfügung? Sind Sie damit zufrieden?

Nur mit dem, was Sie sparen, bezahlen Sie sich selbst. Mit dem was Sie verbrauchen, erhalten Sie sich nur. Sparen Sie nicht am Ende des Monats, was übrig bleibt, es wird nicht viel sein, sondern legen Sie am Anfang des Monats zurück, was Sie sparen wollen. Was Sie sich wert sind. Niemand wird reich, weil er viel verdient. Reich wird man nur durch das, was man behält.

Fragen Sie sich weiter: (ebenfalls schriftlich ausarbeiten!)

- Was will ich in 3, 5, 7 Jahren sein, haben, tun?
- Meinen idealen Tagesablauf entwerfen.
- Schreiben Sie das Drehbuch Ihres Lebens neu und optimieren Sie es täglich.
- Zukunfts-Produzent sein.

So gewöhnen Sie sich daran, der Hauptdarsteller in Ihrem Leben zu sein und wirklich die Hauptrolle zu spielen und zu gewinnen. Nur dann ist es wirklich Ihr Leben. Imaginieren Sie täglich Ihren eigenen Erfolgsfilm mit sich in der Hauptrolle. Imaginieren ist die bildhafte Vorstellung mit einem starken Gefühl und der Erfolgs-Formel verbunden, d.h. nicht nur „Tagträumen', sondern in der Vorstellung „ERLEBEN", dass es jetzt so ist! Sorgen Sie dafür, dass Sie sich in Ihrem Leben wirklich wohl fühlen. Wirklich richtig FÜHLEN, nicht denken!

Täglich meine Zukunft imaginieren und fühlen.

Am Abend den vergangenen Tag nochmals gedanklich durch erleben und Unstimmigkeiten mental „umerleben' und damit zum wahren Erfolg gestalten!

Am Morgen den bevorstehenden Tag optimal „voraus erleben" und damit den Erfolg verursachen!

Wer ein klares Ziel hat, hat bereits den halben Weg zurückgelegt. Aus klaren Zielen ergeben sich klare Entscheidungen und Prioritäten. So kann man mit einem Minimum an Aufwand ein Maximum an Ergebnis erzielen.

> „Wer etwas weiß – kann noch nichts,
> doch auch Können bewirkt noch nichts –
> erst das TUN verändert die Welt!"

Zum Schluss

„Wollen wir die Welt ändern und bessern,
dann müssen wir bei uns anfangen,
wollen wir uns bessern,
dann müssen wir bei unseren Gedanken beginnen!"

Es genügt jedoch nicht, von diesen Lehren zu sagen, sie seien wahr und schön. Sie müssen genau befolgt werden, wenn sie dem Menschen helfen sollen. Der bloße Anblick der Nahrung wird den Hungrigen nicht sättigen, er muss schon seine Hand ausstrecken und annehmen!

Im Buchhandel und Internet finden Sie stets brandaktuelle Themen, sowie zeitlose Wissensschätze von *Kurt Tepperwein!*

Folgende Bücher und E-Books können Sie direkt über den BoD-Verlag (www.bod.de/www.bod.ch) detailliert einsehen, bevor Sie sich für Ihr Wunschthema entscheiden:

- Ab heute bin ich frei!
- Bäume ausreißen! – Trainingsheft für mehr Motivation
- Berufskrise ade! – Frei sein von Arbeitssucht, Stress, Burnout, Mobbing, Innerer Kündigung und Arbeitslosigkeit Bewusstseinssprung in eine neue Dimension
- Blinddate mit Magen und Darm
- Bring Farbe in dein Leben mit Dankbarkeit
- Bring Farbe in dein Leben mit einem einfachen Lächeln
- Bring Farbe in dein Leben mit Heiterkeit
- Bring Farbe in dein Leben mit Herzensfülle
- Bring Farbe in dein Leben mit Hingabe pur
- Bring Farbe in dein Leben mit Liebesweisheit
- Bring Farbe in dein Leben mit Seelenkraft
- Bring Farbe in dein Leben mit Stille in dir
- Bring Farbe in dein Leben mit Wertschätzung
- Bring Farbe in dein Leben mit Zeitlosigkeit
- Das Buch der Erfolgsgesetze
- Die hohe Schule des Lebens
- Die Kunst mühelosen Lernens
- Die Praxis der geistigen Gesetze
- Die Renaissance der Frauenpower – 7 Schritte zur Liebesfähigkeit
- Du bist wie du bist!
- Ein Leben ohne Ängste und Sorgen? – Trainingsheft für mehr Lebensqualität
- Einfach nur schön
- Endlich wieder FIT! – Trainingsheft zur Gesunderhaltung
- Erwachen zum wahren Sein
- Folge deinem Leitstern
- Frau sein – ganz sein, Mentaltraining für eine neue Weiblichkeit
- Geistheilung durch sich selbst
- Gelassenheit
- Gelebte Achtsamkeit

Meine Notizen

Meine Notizen

Meine Notizen

Meine Notizen

Meine Notizen

Meine Notizen

Meine Notizen

Meine Notizen

Meine Notizen

Meine Notizen

Meine Notizen

Meine Notizen

Meine Notizen

Meine Notizen

Meine Notizen

Meine Notizen

Meine Notizen